STATISTIQUE
FORESTIÈRE

DU

DÉPARTEMENT DU CANTAL

PAR

F. GEBHART

INSPECTEUR DES FORÊTS

AURILLAC
PICARD, IMPRIMEUR DE LA PRÉFECTURE, RUE DE LA BRIDE, 8.

M DCCC LXXXIX

STATISTIQUE FORESTIÈRE

DU

DÉPARTEMENT DU CANTAL

STATISTIQUE FORESTIÈRE

DU

DÉPARTEMENT DU CANTAL

PAR

F. GEBHART

INSPECTEUR DES FORÊTS

AURILLAC

A. PINARD, IMPRIMEUR DE LA PRÉFECTURE, RUE DE LA BRIDE, 8.

M DCCC LXXXIX

INTRODUCTION

Le département du Cantal est situé dans l'une des régions les plus accidentées du plateau central. Avant d'aborder l'étude des forêts, il est utile de connaître la topographie et la constitution géologique de cette région montagneuse, car son relief et la variété de ses terrains expliquent facilement tous les faits qui en dérivent : la distribution des forêts, leurs régimes, les causes qui en modifient l'état, les améliorent ou les détruisent, la nature des essences, les raisons du peu de valeur en argent des bois d'œuvre ou de chauffage.

Ces recherches ont beaucoup d'attrait, car le Cantal offre aux géologues, aux forestiers, aux botanistes, aux peintres, les sujets d'études les plus intéressants et les paysages les plus pittoresques.

Les puys qui se dressent dans le massif central, débris du grand volcan, les vallées profondes, les coulées de lave superposées, révèlent, par leur constitution géologique, l'histoire des convulsions qui ont bouleversé le pays et lui ont donné sa configuration actuelle. Les fossiles des terrains sédimentaires et les débris conservés dans les amas de cendres volcaniques nous font connaître la Faune et la Flore contemporaines des éruptions. Les habitants de Murat se chauffent avec les troncs, convertis en lignite, d'une forêt de sapins souterraine. Peut-être, un jour, nos forêts seront-elles ensevelies à leur tour, et des nappes de lave se répandront-elles dans les vallées dont les versants conservent sur leurs sommets les puissantes nappes de basalte des anciennes éruptions. Le temps écoulé depuis la dernière est court, relativement aux durées des périodes de repos du massif volcanique ; et l'eau bouillante qui sert à chauffer en hiver la ville de Chaudesaigues est la preuve d'une activité latente.

Les vastes plateaux, couverts de neige pendant cinq mois d'hiver, réchauffés par les rayons du soleil printanier, se parent, en quelques semaines, d'une végétation herbacée vigoureuse et présentent aux recherches des amateurs de botanique les exemplaires variés de la flore alpestre.

Les forêts revêtent leurs feuilles ; les rivières et les ruisseaux coulent à pleins bords, gonflés par la fonte des neiges, et forment des cascades bruyantes ; les troupeaux de vaches, à la robe uniformément brune, s'acheminent vers les hauts pâturages, où ils resteront pendant toute la belle saison, conduits par les bergers montés sur leurs petits chevaux trapus et robustes.

Les puys, encore couverts de neige, élèvent leurs cimes blanches, à arêtes aiguës et nettement découpées, dans ce paysage richement coloré par les tons vifs et variés de la verdure du printemps.

Ailleurs, sur les pentes qui mènent au volcan d'Aubrac, par exemple, d'immenses plateaux déserts, largement teintés en rose par les bruyères, bornés au loin par les brumes de l'horizon, coupés çà et là par de grands rochers granitiques, font éprouver au voyageur l'impression de solitude et de tristesse qu'il ressent dans les landes du Finistère.

Des ravins d'un accès difficile cachent des bois inexploités dont les arbres meurent sur la terre qui les a nourris. Les vieux troncs couverts de mousse s'allongent sur le sol et s'effondrent sous les pas. Des tiges mortes, encore debout, à l'aspect bizarre et tourmenté, supportent un panache de fougères installées sur leur sommet ; un fouillis inextricable de branches tordues rend le passage difficile ; le silence règne partout ; c'est la forêt telle qu'elle existe depuis des siècles.

Les paysagistes trouveraient dans ces régions, d'aspect sévère mais jamais banal, des sujets de tableaux que ne peuvent offrir des sites d'un abord plus facile ; et, bien des fois, la vue de ces paysages, si beaux dans leur simplicité sauvage, récompense le forestier de ses fatigues et lui font oublier le mauvais gîte de la veille et celui qui l'attend, le soir.

STATISTIQUE FORESTIÈRE

DU

DÉPARTEMENT DU CANTAL

CHAPITRE PREMIER.

OROGRAPHIE.

Le massif central. — Les puys. — Les plateaux. — Les vallées. — Ceinture de hauteurs entourant le massif central.

Le massif central. — Le relief du terrain du Cantal apparaît sous forme d'un massif central élevé, d'où rayonnent de profondes vallées de directions rectilignes, entouré par une région circulaire de dépressions dans laquelle les vallées se brisent et prennent des directions concentriques. Cette région est enfermée dans une enceinte formée par les flancs de montagnes qui atteignent leurs plus grandes hauteurs dans les départements voisins.

Les puys. — Le massif central comprend un grand nombre de pics ou de puys dont les principaux sont : le *Plomb du Cantal* (1858^m d'altitude), le *Puy Brunet* (1806^m), le *Cantalon* (1805^m), le *Pic du Rocher* (1800^m), le *Puy Mary* (1787^m), le *Chavaroche* (1744^m), le *Puy de la Tourte* (1709^m), le *Griou* (1694^m), le *Puy Gros* (1599^m), etc. Ces puys sont reliés entre eux par des cols, parmi lesquels nous citerons le col de *Cabre* (1539ᵐ), le col de *Rombières*, le col du *Lioran* (1250ᵐ) et le col de *Sagne* (1250ᵐ) qui sont le plus souvent parcourus.

Les plateaux. — Les puys situés sur le périmètre du massif central sont l'origine de plateaux qui s'abaissent en pente douce et se dirigent en s'élargissant vers tous les points de l'horizon.

Le plus important de ces plateaux est celui de l'Est, nommé la *Planèze*, qui s'étend, à une altitude moyenne de 1,000 mètres, entre les contreforts du Plomb du Cantal et la Margeride et les vallées de l'Allagnon et de la Truyère; il forme près du tiers de l'arrondissement de St-Flour.

Le plateau du Nord-Est s'étend de la vallée de l'Allagnon jusqu'aux pentes du volcan du Cézallier (Puy-de-Dôme;) son altitude moyenne atteint 1,100 mètres.

Puis, en contournant le massif central, on rencontre le plateau du Nord ou du *Limon*, le plateau du Nord-Ouest et le vaste plateau de l'Ouest comprenant les plateaux de Salers, de Mauriac et de Pleaux.

La région Ouest et Sud-Ouest est occupée non plus par des plateaux, mais par des croupes prenant également leur origine aux puys du massif central. Elles descendent en pentes assez régulières et atteignent une largeur de 4 à 5 kilomètres. Ces croupes, nommées camps, sont souvent recouvertes de tables basaltiques. Les principales sont : le camp de Loubézac (800ᵐ), de La Camp (951), de St-Projet (1080), de Coyan (1056 à 1218) entre les vallées de la Jordanne et de la Cère.

Le plateau du Sud part du Puy Gros et s'étend jusqu'aux bords de la Truyère dans le département de l'Aveyron, son altitude s'abaisse de 1500 à 800 mètres. Dans sa partie Ouest il prend le nom de plateau de Badailhac.

A mesure que les plateaux s'éloignent du massif central, ils se fractionnent, se brisent, forment des séries de collines recouvertes de tables basaltiques, débris des coulées de laves échappées des volcans du massif central.

Les vallées. — Douze vallées prennent naissance dans le massif central même d'où elles rayonnent, ce sont celles de la Cère, de la Jordanne, de l'Allagnon, de Brezons, du Prat de Bouc, de la Santoire, de la Rhue, de la Marse, de la Maronne, de l'Aspre, de la Bertrande et de la Doire. Dix vallées moins importantes partent des plateaux qu'elles fractionnent, et suivent, comme les douze principales, des directions rectilignes. Arrivées à la dépression qui entoure le massif central, ces vallées se brisent et se contournent. Plusieurs prennent la direction circulaire, et nous citerons parmi elles les importantes vallées de la Cère, de la Dordogne, de la Rhue, de l'Allanche et de la Truyère.

Les versants de ces vallées présentent des pentes considérables, celle de la Truyère, par exemple, est une gorge profonde de 400 mètres dont les parois offrent, sur un parcours de plus de 10 kilomètres, une pente moyenne de 60°.

Ceinture de hauteurs entourant le massif central. — Nous venons de voir que les plateaux, les camps et les vallées descendant du massif central viennent aboutir à une région basse qui l'entoure circulairement. Dans cette région viennent aussi se terminer les plateaux et les croupes des montagnes qui forment une ceinture autour du Cantal et que nous allons étudier :

Au Nord, le plateau de l'Artense domine la vallée de la Rhue à l'altitude de 940 m. Il supporte dans le département du Puy-de-Dôme les coulées basaltiques vomies par le Mont-Dore. Au Nord-Est il touche aux flancs du volcan du Cézallier dont il a également reçu les laves. Les sommets de ce volcan atteignent 1,450 m. dans le Cantal et 1,555 m. dans le Puy-de-Dôme (Puy de Chamaroux). Les plateaux basaltiques issus du Cézallier se prolongent au Sud de Marcenat jusqu'à la Santoire et s'abaissent de 1,400 à 1,000 mètres à leur rencontre avec les plateaux descendant du Cantal.

L'enceinte se continue vers l'Est par les hauteurs du Luguet, dont le plateau atteint 1,204 m. dans le Puy-de-Dôme et qui se joignent aux premiers contreforts de la Margeride. Les monts de la Margeride s'ouvrent en une profonde gorge où coule l'Allagnon, et leurs sommets s'élèvent de plus en plus jusqu'à l'Est du département où ils atteignent 1,423 m. au pic de la Barraque. Le point le plus élevé est le Signal de Randon (1,554^m) dans la Lozère.

La région comprise entre le Cézallier et la Margeride est creusée par de nombreuses vallées et dominée par un nombre très-considérable de volcans de médiocre importance parmi lesquels nous citerons ceux :

D'Auliac (1828^m), formant un hémicycle de 2 kilomètres de diamètre, de la Coharde (1217^m), de Chavagnac (814^m), d'Autrac (1034^m), puis, plus vers le sud-est, les volcans de Vèze, (1192^m), de Grèze (974^m), du Mas de Brus (1073^m), du Puy-de-Vaux (1094^m), de Peyrusse (1095^m), de Besse (1095^m), du Mont-Journal (1183^m), du Suc de Luzer (1017^m), du Mirial (1040^m), de la Pèze (1060^m), de Lastic (1140^m), les trois volcans de La Fageole (1156-1136-1153^m) situés sur les croupes de la Margeride, puis, sur le prolongement de cette cette chaîne vers le Nord-Est le cône de la Valjouze (1117^m), le Mont Loubier, les volcans de Talizat (1015 et 1055^m) et le volcan de Pagros (1052^m).

La ceinture de hauteurs se continue au sud-est, entre la Margeride et le massif d'Aubrac, par une série de plateaux et de volcans parmi lesquels nous signalerons ceux de Loubaresse (940^m), de Mont-Chanson (1080^m), de Mont-Clergue (1047^m) et de Montfol (1062^m).

Nous rencontrons alors le massif d'Aubrac, dont le puy le plus élevé est le Mailhebiau (1471^m) situé sur les limites des départements de la Lozère et de l'Aveyron. Un vaste plateau parsemé de tables basaltiques en descend vers la Truyère qu'il atteint après s'être fractionné en vallées profondes et tourmentées.

A partir du massif d'Aubrac, la série de hauteurs qui entoure le Cantal traverse la pointe Nord du département de l'Aveyron et, se dirigeant vers l'Ouest, rejoint le Cantal à Labrousse (849^m). Elle se continue en formant une ligne de partage des eaux passant par Prunet (788^m), La Capelle del

Fraisse (832^m), St-Mamet (771^m) et St-Saury (712^m) et vient aboutir au département du Lot.

La dépression dont nous avons constaté l'existence autour du massif central constitue la partie Ouest du département, sous la forme d'un vaste plateau de l'altitude moyenne de 620 mètres qui s'abaisse graduellement vers l'Ouest.

CHAPITRE II.

HYDROGRAPHIE.

Rivières des bassins de la Gironde et de la Loire. — Les lacs.

Les torrents et ruisseaux qui descendent des montagnes du Cantal sont tous tributaires des bassins de la Gironde et de l'Allier. On les évalue à plus de 5000 et nous décrirons les principales rivières qu'ils alimentent.

Si, prenant le col du Lioran comme centre, on partage la surface du département en 4 segments au moyen des lignes idéales Nord-Sud et Est-Ouest, on voit que, seul, le secteur du Nord-Est déverse ses eaux dans l'Allier où elles sont conduites par l'Allagnon. Les eaux des 3 autres segments sont entraînées vers la Gironde par la Dordogne et le Lot et leurs affluents.

Il est facile de se rendre compte de cette inégalité dans le partage des eaux. La ceinture des hautes montagnes qui entoure le Cantal au Nord, à l'Est et au Sud-Est (plateau d'Artense, Cézallier, Luguet, Margeride, Aubrac) rejette les eaux vers le Sud et l'Ouest c'est-à-dire vers la Gironde. Elle n'offre qu'une gorge profonde au Nord-Est, creusée entre la Margeride et le Luguet, et qui sert de passage vers l'Allier aux eaux de l'Allagnon et de ses affluents ainsi qu'à la voie du chemin de fer entre Murat et Massiac.

Bassin de la Gironde. — I° La Dordogne prend sa source dans le Puy-de-Dôme, au pic de Sancy, et limite le département au Nord-Ouest sur une longueur d'environ 50 kilomètres.

Elle coule dans une gorge étroite, à parois souvent abruptes, et profonde de 200 à 250 mètres, au fond de laquelle aucun village n'a pu s'établir.

La Dordogne reçoit :

1° La Thialle, torrent descendant du plateau de l'Artense ;

2° La Rhue, qui prend sa source au pic de Sancy, baigne Condat et coule au pied du plateau de l'Artense. Elle se jette dans la Dordogne à Bort (Corrèze), après avoir reçu, dans un cours de 65 kilomètres, plusieurs rivières telles que la Santoire, le Boujean, la Veronne et la Tarantaine ;

3° La Sumène, qui prend sa source au puy du Suc de Rond ;

4° L'Auze, qui coule sur le plateau de Salers et tombe à Salins de 30 mètres de hauteur en formant une belle cascade ;

5° La Maronne, qui prend sa source au Roc des Ombres et se jette dans la Dordogne à Argentat (Corrèze,) après un cours de 90 kilomètres. Elle reçoit l'Aspre, la Bertrande et l'Incon ;

6° La Cère, qui naît au col du Lioran et présente jusqu'à son confluent un cours de 110 kilomètres. La ligne de Murat à Aurillac suit la vallée dans laquelle elle coule. Elle reçoit la Jordanne qui arrose Aurillac et la Dautre.

II° Le Lot conduit vers la Gironde les eaux de la partie Sud du département qu'il limite sur une longueur de 10 kilomètres en le séparant de l'Aveyron. Il reçoit :

1° La Truyère, qui prend sa source dans la Margeride et coule dans la profonde vallée à parois escarpées que forment, à leur rencontre, le plateau de la Planèze et le plateau d'Aubrac. Ses affluents de la rive droite sont : le ruisseau de Ruines, l'Aude et l'Epie, qui arrosent la Planèze et dont le premier passe à Saint-Flour, le Brezons, qui naît au Plomb du Cantal et a un cours de 35 kilomètres ; le Bromme, qui reçoit le Ciniq, le Goul, qui prend sa source au puy Gros et sépare le Cantal de l'Aveyron. Les affluents de la rive gauche sont : l'Arcomie, le Bès, le Rémontalou, la Lévandes et le Réols. Ces quatre rivières prennent leur source dans le massif d'Aubrac ;

2° Le Célé naît, non loin de la rive droite du Lot, dans les montagnes, hautes de 700 à 800 mètres, de la région Sud-Ouest du département. Il reçoit dans le Cantal la Bessèges, la Rance, qui passe à Maurs et reçoit la Mouleyre et l'Anès, et enfin la Veyre qui coule entre les départements du Cantal et du Lot.

Bassin de la Loire. — I°. L'Allier reçoit :

1° La Cronce et le Celoux qui prennent naissance dans la Margeride et n'ont qu'un cours peu important dans le Cantal ;

2° L'Allagnon. Cette rivière prend sa source au col du Lioran et va se jeter dans l'Allier après un cours de 85 kilomètres. Elle arrose Murat et Massiac et cotoie la ligne du chemin de fer entre le Lioran et Lempdes. Elle reçoit sur sa rive droite la Sionne et l'Allanche qui descendent du Cézallier et, sur sa rive gauche, l'Arcueil venant de la Margeride.

Les lacs. — Le Cantal renferme plusieurs lacs parmi lesquels nous citerons le lac de La Crégut sur le plateau d'Artense et les lacs de Menet, de Madic et des Sauvages.

CHAPITRE III.

GÉOLOGIE

Le terrain primitif. — Les failles. — Le terrain tertiaire et les lacs. — Les éruptions volcaniques. — Formation du massif central. — Périodes glaciaires. — Formation des puys, des plateaux et des vallées. — Faune et flore préhistoriques.

Après avoir considéré le département du Cantal au point de vue topographique, il convient d'étudier les formations géologiques d'un grand intérêt qui lui ont donné sa configuration actuelle et sa grande variété de terrains.

La dépression et la ceinture de montagnes qui entourent le massif central nous permettent de reconstituer l'état de la région tel qu'il existait avant les éruptions volcaniques qui ont donné naissance aux puys.

Le terrain primitif. — De puissantes assises de terrain primitif gneiss, micaschiste et talcschiste, entremêlées de filons de granit constituent un vaste bassin relevé sur les bords où il atteint encore aujourd'hui l'altitude 1400^m dans les montagnes de la Margeride et 1200^m dans la région Nord-Est. Les montagnes granitiques d'Aubrac et les collines du Sud-Ouest du département complètent les bords du bassin dont la pente générale était dirigée vers l'Ouest. Il se composait, dans l'ensemble, de quatre plateaux ou gradins dont le plus élevé constitue la partie Nord-Est du département et atteint 1013^m d'altitude à Marchastel et au Falgoux. Le deuxième gradin supporte aujourd'hui la Planèze et a une altitude moyenne de 900^m. Le troisième s'élève à environ 620^m dans la portion Sud-Ouest du département, enfin le quatrième s'abaisse jusqu'à 272^m sur les bords de la Dordogne.

Le terrain primitif renferme d'importants filons de porphyre qui se montrent à Chaudesaigues, à Menet, à Molompize, à Siran; des filons nombreux de quartz, de diorite, d'eurite. La diorite stratoïde forme des enclaves dans la région du Nord-Est à Marcenat, Saint-Bonnet, Montchamp, dans la vallée de l'Allagnon. Mais la particularité la plus remarquable qu'il présente est l'existence de puissantes couches de calcaire primitif micacé ou talqueux alternant avec les couches de gneiss. On rencontre ce calcaire sur les bords de la Dordogne à Arches, au ruisseau de Viou près de Mauriac et sur les bords de la Santoire.

Les failles. — Plusieurs failles ont sillonné et fendu le terrain primitif. L'une d'elles a une grande importance. Elle traverse le département dans la direction Nord-Nord-Est et rencontre Bort (Corrèze), Mauriac, Pers, Cayrols, etc.

Entre le département du Puy-de-Dôme et Bort elle sert de lit à la Dordogne et se trouve en partie comblée par le terrain houiller qui la remplit de Bort à la rivière Maronne, sur une longueur de 50 kilomètres et une largeur maxima de 3 kilomètres. De Jaleyrac à la Maronne, le terrain houiller est recouvert par le terrain volcanique et on ne le retrouve plus que par places, plus au sud, à Miécasse, à Pers et au Mont à l'est de Cayrols. Les bords de cette faille en surplombent le fond, même garni de terrain houiller, de 400 mètres, au Nord, vers Lanobre, et de 100 mètres seulement, au Sud, vers St-Mamet. La ligne du chemin de fer profite de cette immense tranchée pour franchir les collines et la suit durant 30 kilomètres entre La Capelle et Banhac.

Le terrain tertiaire et les lacs. — Les eaux formèrent à l'époque tertiaire, dans le bassin du Cantal, plusieurs grands lacs, au fond desquels se déposèrent des couches d'argile, de calcaire marneux, d'arkose, de silex et de calcaire.

Le lac d'Aurillac s'étendait sur une grande surface de la partie Ouest du département. Nous trouvons le terrain tertiaire, non recouvert par les basaltes, à Yolet, Arpajon,

Aurillac, St-Simon, Belbès, St-Paul-des-Landes, Jussac, St-Cernin, Madurand, Drignac, Méallet, Saignes, Largnac, etc.

Sur le terrain primitif se déposèrent les cailloux roulés de gneiss, de granite, de quartz, puis les argiles bariolées et sans fossiles du terrain Eocène; puis les marnes vertes, les marnes calcaires mêlés de filons de silex et les assises calcaires du terrain miocène inférieur garnis de fossiles; enfin, les argiles blanchâtres du terrain miocène supérieur, séparées souvent du miocène inférieur par des coulées de basalte.

Le lac de St-Flour occupait la dépression où coulent aujourd'hui les affluents de la Truyère, il s'étendait sur le territoire de St-Flour et en dessous du plateau de la Planèze. Nous retrouvons sur son emplacement les terrains Eocène et Miocène inférieur. Les argiles blanchâtres du miocène supérieur renferment des débris de Mastodons et de Dinothérium et sont recouvertes par les cailloux roulés et les poudingues ferrugineux du terrain Pliocène supérieur.

Le lac de Murat couvrait l'emplacement actuel de la vallée du haut Allagnon. On rencontre l'argile à Laveissière à 1007^m d'altitude.

En dehors de l'enceinte circulaire de montagnes, à l'extrémité Sud-Ouest du département, il existe un vaste affleurement de terrain tertiaire qui s'étend de Ferrières à Montmurat et au delà. Les argiles affleurent à Maurs à 250^m et les calcaires à Montmurat à 400^m.

Les éruptions volcaniques. Formation du massif central. — Les phénomènes volcaniques, qui devaient plus tard prendre un si formidable développement, ne se manifestèrent pour la première fois qu'à l'époque miocène. Une coulée de basalte surgit du sol et recouvrit la plus grande partie du terrain tertiaire du bassin d'Aurillac.

Puis les centres éruptifs se localisèrent vers le milieu de la région du Cantal, entre les lacs de Murat et d'Aurillac, et un grand volcan commença à se former et à s'élever par l'accumulation des roches rejetées, blocs andésitiques, granite, gneiss, tufs remplis de scories. Des coulées de basalte porphyroïde s'épandirent hors du cratère. Nous les retrouvons aujourd'hui à St-Chamant, Lascelles, etc.

L'éruption suivante survint en pleine période pliocène inférieure. Elle présente des particularités fort intéressantes et nous a conservé de nombreux vestiges de la flore pliocène. Elle eut lieu à la fin du printemps ; les feuilles à peine développées, les fleurs printanières d'aunes, les fructifications de l'orme, de l'érable, conservées dans la cinérite en font foi. Le volcan rejeta une immense quantité de cendres produites par la pulvérisation de roches andésitiques. Ces cendres furent portées par un vent d'Est à plus de 35 kilomètres (Auzers, Ayrens, Niac, etc.) et formèrent des amas de cinérite épais en certaines places de 80 mètres. Ces dépôts emprisonnèrent les forêts et nous en retrouvons aujourd'hui les bois, à l'état de silex résinite xyloïde, comme au Pas de la Mougudo, où les troncs sont encore debout, où à l'état de lignites, comme à Mandailles, à Chambeuil, à St-Clément. L'éruption fut de courte durée car nous trouvons à la Mougudo et dans beaucoup d'autres gisements des végétaux délicats, comme les bambous, ensevelis debout et intacts et traversant les couches régulièrement stratifiées de cinérite et de sable volcanique grossier. L'activité du volcan s'est encore manifestée pendant l'époque pliocène inférieure par quatre éruptions séparées par des intervalles de repos. La première produisit des coulées de conglomérat andésitique qui s'avancèrent au loin et atteignirent près du cratère une épaisseur de 250 mètres. Dans la seconde, l'andésite fondue s'éloigna peu du cratère autour duquel elle forma une sorte d'immense anneau ne descendant pas au delà de 1200^m d'altitude. Les parois du volcan se fendirent sous la pression de la lave qui remplit les crevasses et forma les filons variant de 0^{m}50 à 25^m d'épaisseur que nous voyons à St-Jacques, au ravin du Lioran, à Aurillac, à Carlat.

Les deux éruptions suivantes consistèrent en des émissions peu importantes de phonolite que nous retrouvons aux puys de Griounot, de Griou, d'Usclade, etc.

Le cône d'éruption n'avait pas cessé de s'élever et de grandes vallées rayonnantes s'étaient creusées par l'action des eaux. C'est alors, qu'en pleine période pliocène supérieure, eut lieu la dernière éruption. De puissantes nappes de basalte se répandirent sur les flancs du volcan, s'avancèrent dans le thalweg des vallées où elles atteignirent de 25 à 50ᵐ d'épaisseur, 120ᵐ même dans les hautes vallées de la Marse et de la Maronne. Puis, des coulées de dolérite s'avancèrent, recouvrant le basalte, l'une, vers l'Est, où on la retrouve à Mauriac, Anglards, Auzers, l'autre vers l'Ouest, où elle se montre à St-Flour, Les Ternes, Fressanges.

La période d'activité du grand volcan du Cantal était terminée. Peut être est-elle seulement interrompue.

Périodes glaciaires. — Formation des puys, des plateaux et des vallées. —
Les débris des éruptions successives avaient édifié les parois du volcan à une altitude considérable, que le savant géologue J.-B. Rames évalue à 4,000 mètres, et qui est attestée par le niveau élevé des coulées de lave et des moraines des premiers glaciers de la période pliocène supérieure, moraines qui dominent parfois de 300 ou 400 mètres les moraines des glaciers quaternaires !

La première période glaciaire recouvrit le Cantal d'une couche épaisse de glace ; les glaciers, descendant des flancs du massif central, poussèrent avec eux d'énormes blocs de basalte et d'andésite porphyroïde que nous retrouvons à 25 ou 30 kilomètres en avant de leurs gisements dans la vallée de la Rhue, au puy d'Espinet, à Vézac, à Carlat.

La température s'élevant amena la fusion des glaces, les eaux ravinèrent les versants, creusèrent les vallées et contribuèrent à hâter l'éboulement des hautes parois. Les masses andésitiques formèrent les puys de la partie centrale du massif cantalien, les masses basaltiques issues des dernières éruptions, ceux de la périphérie. La croûte de basalte ravinée devint les plateaux inclinés prenant naissance aux puys basaltiques, que nous avons mentionnés, et qui se prolongent au loin sous forme de tables couronnant les collines.

Une deuxième période glaciaire, survenue à l'époque quaternaire, donna naissance à d'immenses glaciers descendant dans les 16 vallées rayonnantes qui existent encore aujourd'hui.

Ceux de la Cère, de la Jordanne, de la Marse, de la Rhue atteignaient de 30 à 38 kilomètres de longueur et, dépassant le terrain volcanique, portaient leur moraine frontale sur le terrain primitif.

La période de température plus élevée qui suivit força les glaciers à reculer de 8 à 12 kilomètres. Les eaux ravinèrent les moraines profondes et rompirent les moraines frontales. Les nouvelles moraines s'élevèrent à des hauteurs considérables, comme celles de Carnéjac pour le glacier de la Cère, de Saint-Simon pour celui de la Jordanne, etc.

La température augmentant toujours, les glaciers disparurent et les eaux continuèrent leur œuvre de dislocation et de ravinement, donnant à la région le relief que nous lui voyons aujourd'hui.

Faune et flore préhistoriques. — Avant d'étudier les forêts de l'époque actuelle, il est intéressant de se représenter la flore des temps préhistoriques. A l'époque miocène inférieure, la région Cantalienne était couverte de forêts qu'habitaient de puissants mammifères dont les débris retrouvés au puy de Courny, à Roffiac, etc., ont été déterminés par A. Gaudry, nous citerons : le *Mastodon augustidens*, le *Dinothèrium giganteum*, le *Rhinocéros*, les *Hipparions*, les *Tragocerus*, les *Gazella deperdita*. Des carnassiers : les *Amphicions*, les *Machairodus*, etc.

Mais les vestiges de ces forêts sont incomplets, tandis que la flore forestière pliocène supérieure nous a livré tous ses secrets, grâce aux amas de débris et d'empreintes conservés dans la cinérite, et qui ont été étudiés dans 28 gisements. G. de Saporta a déterminé les espèces suivantes : parmi les résineux : *Abies pectinata, Intermédia, Apollonis et Numidica*; parmi les feuillus : *Quercus précursor, Fagus sylvatica, Attenuata, ferruginea et Deucalionis, populus tremula, Alnus suborbicularis, Ulmus effusa, Tilia expansa, Laurus, Bambusa Lugdunensis, Viburnum ténus et rugosa, Acer latum pliocenicum, Acer opulifolium, Coryphus insignis, Vitis subintegra;* puis, des fougères, des mousses, etc.

La flore et la faune pliocènes du Cantal étaient donc

représentées par des espèces qui ont été forcées plus tard de se cantonner dans des stations éloignées pour trouver les conditions climatériques favorables à leur existence.

Aussi, à l'époque quaternaire, les bambous ont-ils disparu, tandis que la flore arctico-alpine s'installe dans la région et subit dans sa diffusion les fluctuations imprimées par les périodes glaciaires. Parmi les essences forestières nouvelles nous trouvons le chêne pédonculé, le coudrier, l'érable plane, l'orme champêtre, des saules, etc.

Les alluvions tortoniennes du puy de Courny nous révèlent l'existence de l'homme par de nombreux fragments de silex taillés, débris des armes à l'aide desquelles il luttait contre les animaux, ou d'ustensils primitifs. Les tables basaltiques qui couronnent les collines lui servaient de refuges et de forteresses. Les abris sous roches ont fourni de grandes quantités de haches de silex taillées ou polies, de couteaux, de racloirs, de tête de flèches, de lances Moustiériennes ou Solutréennes. Les puits creusés dans le calcaire de Mur-de-Barrez à l'aide de bois de cerfs nous ont révélé le procédé d'extraction du silex matière première de tous les instruments tranchants.

CHAPITRE IV.

STATISTIQUE FORESTIERE.

Distribution des forêts suivant l'altitude, les terrains et les essences.

Le département du Cantal a une superficie de 574,147 hectares et une population de 236,190 habitants.

Les forêts de toutes catégories occupent une surface de 74,487 hectares, soit 0,13 de la surface totale, les terres labourables, 171,845 hectares, ou 0,30 de cette surface, les prés, 226,637 hectares, ou 0,39, et les terres vagues, 76,349 hectares, ou 0,13. Ces chiffres démontrent l'importance des forêts du Cantal, celle de l'élevage du bétail, qui a des rapports si étroits avec les questions forestières, et enfin celles des reboisements.

Le tableau ci-dessous indique, par arrondissement, le nombre et la contenance des forêts, soumises ou non soumises au régime forestier, classées par nature de propriétaires.

ARRONDISSEMENTS.	FORÊTS SOUMISES AU RÉGIME FORESTIER											FORÊTS NON SOUMISES AU RÉGIME FORESTIER.					CONTENANCES totales générales des forêts.
	DOMANIALES.		COMMUNALES.		SECTIONALES.		D'ÉTABLISSEMENTS PUBLICS		TOTAUX.		COMMUNALES, SECTIONALES ou d'établissements publics.		PARTICULIÈRES		TOTAUX des contenances.		
	Nombre.	Contenance.	Nombre.	Contenance.	Nombre.	Contenance.	Nombre.	Contenance.	Nombre.	Contenance.	Nombre.	Contenance.	Contenance.				
		h. a.		h. a.		h. a.		h. a.		h. a.		h. a.	h. a.		h. a.		h. a.
Aurillac...	»	» »	2	165 69	15	752 90	1	4 04	18	923 53	28	2277 09	21804 14		24081 23		25004 76
Mauriac...	2	168 79	3	834 25	130	3941 22	»	» »	135	4944 26	44	1489 44	12843 53		14332 97		19277 23
Murat...	2	1141 61	3	31 01	80	4122 28	»	» »	85	5294 90	15	342 39	6186 95		6529 34		11824 24
Saint-Flour..	2	92 47	6	349 »	72	1651 34	»	» »	80	2092 81	40	800 20	15487 98		16288 18		18380 99
	6	1402 87	14	1379 95	297	10467 74	1	4 94	318	13255 50	127	4909 12	56222 60		61231 72		74487 22

Contenance des bois communaux, sectionaux et d'établissements publics : 11,852 hectares 63 ares formant 312 forêts.
Superficie du Cantal : 574,147 hectares.
Population : 236,190 habitants.
Relation entre la superficie boisée et la superficie totale : $\dfrac{13}{100}$

Distribution des forêts suivant l'altitude. — Les forêts occupent, comme dans tous les pays peu peuplés, les plus mauvais sols et les situations d'un accès difficile, impropres à la culture, telles que les versants des montagnes.

Toutes les forêts soumises au régime forestier sont situées en montagne et réparties de la manière suivante :

1990 hectares appartiennent à des bois situés entre 300 et 600^m d'altitude.
1597   Id.   600 et 800^m Id.
3073   Id.   800 et 1000^m Id.
3383   Id.   1000 et 1200^m Id.
2612   Id.   1200 et 1300^m Id.

Les pentes, quelquefois abruptes, rendent les exploitations difficiles et onéreuses ; mais, si les forêts placées dans ces conditions rapportent peu, leur rôle protecteur contre les éboulements et la formation des torrents est des plus importantes. Les plateaux de grande étendue comme la Planèze sont cultivés, ceux d'une surface moindre, d'une altitude plus élevée comme le Limon, Le Coyan, comme tous ceux, enfin, qui couronnent les montagnes, sont de vastes pâturages.

Le fond des vallées est occupé par des prairies ou des champs cultivés, mais les versants sont couverts de forêts avec une telle régularité qu'une carte forestière indiquerait le relief du terrain par le dessin des forêts qui garnissent les versants.

Distribution des forêts suivant les terrains. — Nous avons vu que les terrains cristallisés et les terrains volcaniques occupent la plus grande partie de la surface du Cantal. Les forêts reposent également presque toutes sur ces deux terrains. Il y a en effet 327^h 40^a de forêts domaniales sur le terrain cristallisé et 1075^h 47^a sur le terrain volcanique.

Pour les forêts communales ou d'établissements publics, il y a :

5347^h 63 en terrain cristallisé ;
6042^h en terrain volcanique ;
54^h en terrain diluvien ;
305^h en terrain tertiaire ;
104^h en terrain houiller.

296ʰ de forêts seulement sont en sol calcaire. La très faible proportion du sol calcaire a une influence des plus importantes sur la nature des essences qui peuplent les forêts du Cantal.

Distribution des forêts suivant les essences. — Les essences feuillues, et parmi celles-ci le hêtre, forment la plus grande partie des forêts du Cantal. Il y a, en effet :

57,039 hectares peuplés en essences feuillues ;
  4,960   Id.   feuillues et résineuses mélangées ;
12,488   Id.   Id.   résineuses.

Cette répartition est toute différente si l'on ne considère que les forêts domaniales. Il existe dans ces forêts 161ʰ 69ᵃ d'essences feuillues ; 362ʰ 38ᵃ d'essences feuillues et résineuses mélangées et 878ʰ 80ᵃ d'essences résineuses.

Dans les forêts communales il y a 7,165 hectares d'essences feuillues, 2122 hectares d'essences feuillues et résineuses, 2077 hectares d'essences résineuses ; 488ʰ 63ᵃ constituent des vides susceptibles ou non de repeuplement.

En raison de la nature siliceuse du sol, il y a peu de variété dans les essences parmi lesquelles celles des terrains calcaires, si nombreuses, sont à peine représentées.

La proportion, sur l'ensemble des forêts, est la suivante : hêtre, 0,39, — chêne, 0,25, — sapin, 0,18, — pin sylvestre, 0,14, — épicea, 0,02, — essences diverses, 0,02. La proportion du mélèze n'atteint que 0,004.

Le hêtre, le chêne rouvre et pédonculé, le sapin et le pin sylvestre se rencontrent donc en grandes proportions et à l'état naturel. Le mélèze, l'épicea, le pin d'Autriche ont été introduits par voie de reboisements, le bouleau, l'aune, les ormes, le frêne, les érables, les peupliers existent, en mélange ou isolés, mais en faible proportion. Le châtaigner, si important par les produits que l'on en retire ne constitue pas de massifs. Il est cultivé à l'état isolé ou en bordures dans la région Sud-Ouest du département. Le charme est rare, les pommiers, poiriers, alisiers n'existent que dans quelques forêts situées sur le sol calcaire.

CHAPITRE V.

STATISTIQUE FORESTIÈRE.

Régimes et modes de traitement des forêts. — Arpentages. — Délimitations. — Aménagements des forêts domaniales, communales et d'établissements publics.

Régimes et modes de traitement des forêts. — Les forêts de toutes catégories du Cantal sont soumises au régime de la futaie ou du taillis. Quelques-unes, surtout parmi les forêts particulières, ne sont soumises à aucun régime spécial ou restent inexploitées.

Le mode de traitement des forêts de futaie est presque exclusivement le jardinage. En effet, la situation des forêts en montagne, à de hautes altitudes, impose la nécessité de ne pas interrompre le massif par des coupes de régénération. Les accidents atmosphériques présentent dans le Cantal une telle intensité, les coups de vent sont si violents, la neige tombe en couches si épaisses et si persistantes, que toute trouée faite dans une forêt tend à s'agrandir. Les gelées, qui durent souvent jusqu'au mois de juin, la chaleur et la sécheresse qui leur succèdent brusquement, et souvent alternativement, sont autant d'obstacles à la régénération naturelle. Il faut donc se borner à exploiter dans un massif les bois dépérissants ou mûrs en réservant avec soin les arbres situés près des lignes de crêtes quelque défectueux qu'ils soient, pour faire obstacle au vent, aux avalanches et aux accidents de toutes sortes à redouter dans ces conditions.

Parmi les bois soumis au régime forestier, la forêt domaniale de Maubert seule est traitée en futaie régulière, nous en donnerons les raisons plus loin.

Ce que nous venons de dire s'applique aux sapinières ou aux forêts de résineux et de feuillus en mélange. Il existe, en effet, une vaste forêt de pin sylvestre, la Pinatelle, appartenant à plusieurs communes ou sections, dans laquelle la régénération s'obtient surtout artificiellement. Nous donnerons plus loin des renseignements sur cette forêt.

Le régime du taillis est appliqué dans la plupart des forêts d'essences feuillues du Cantal. La durée de la révolution des forêts soumises au régime forestier est presque toujours de 20 ou de 25 ans; par exception elle est, pour un petit nombre de forêts, de 10 ou de 30 ans. Les révolutions sont généralement trop courtes et les arbres de futaie de fortes dimensions trop peu nombreux. Les délivrances d'urgence, sans cesse réclamées par les communes pour réparations de ponts, reconstructions d'édifices, contribuent à en diminuer encore le nombre. Le traitement en taillis sous futaie donne cependant de bons résultats, il n'en est pas de même du furetage.

Tel qu'il est pratiqué dans le Cantal, le furetage consiste à couper une partie des brins du taillis en laissant les autres sur pied pour parcourir deux ou trois des périodes de huit ou de dix ans qui constituent la révolution. Lorsque l'exploitation est bien faite, on réserve toutes les tiges qui sont seules sur une souche, une tige quand il n'y en a que deux et les deux tiers sur toutes les autres. Les brins traînants sont réservés ainsi que toutes les tiges de faible dimension. L'abatage a lieu le plus près de terre possible et sans endommager la souche. Mais ces conditions ne sont pas toujours observées, dans les bois particuliers surtout. Le nombre des brins réservés est généralement insuffisant, l'exploitation, mal faite, les abîme ou les détruit. Les souches, trop âgées, dépérissent et meurent, et la forêt va en s'éclaircissant et en se détruisant à chaque retour de la coupe.

Si on livre ces taillis au parcours, les dégâts sont bien plus grands. Les bestiaux broutent ou brisent les jeunes pousses. C'est alors que le furetage devient un mode de traitement désastreux et amène sûrement la ruine des forêts.

Arpentages. — Délimitations. — Les forêts domaniales du Cantal, en raison de leur situation en montagne, possèdent généralement des limites naturelles, rivières, ruisseaux, lignes de crêtes, rochers ou chemins. Aussi, les opérations de délimitation et le bornage ont-elles été moins complètes que dans d'autres régions; de plus, les frais de ces opérations sont souvent trop élevés eu égard au bénéfice à en retirer.

De six forêts domaniales, trois, Maubert, Murat et Le Prieur sont arpentées et délimitées. Leur contenance totale s'élève à 1183^h 91^a. Les trois autres forêts, Algères, Ciniq et Miers, de la contenance de 218^h 96^a, n'ont été ni arpentées ni délimitées, mais possèdent des limites naturelles suppléant au bornage.

Ces circonstances existent aussi pour les forêts communales, sectionales ou d'établissements publics. Ces forêts, par suite des dégâts causés par le pâturage, les exploitations abusives ou les anticipations des riverains, ne possèdent pas une surface boisée égale à celle que le cadastre ou des actes anciens leur attribuent. Les arpentages, les délimitations et bornages seraient des plus utiles. Malheureusement, le manque de ressources des communes ne permet pas d'entreprendre ces opérations coûteuses.

Parmi ces forêts :

7 de la contenance de   388^h 12^a sont arpentées.
305   id.   de 11,464^h 51^a ne pas arpentées.
7   id.   de   337^h 92^a sont délimitées.
305   id.   de 11,514^h 71^a ne pas délimitées.

Aménagement des forêts domaniales. — Trois forêts sont aménagées, ce sont celles de :

Algères de Feniers, futaie de sapins et feuillus en mélange, de la contenance de 99^h 57^a. Elle est partagée en 12 coupons qui seront parcourus successivement par des coupes jardinatoires pendant une révolution transitoire de 24 ans.

Murat, sapinière de la contenance de 878^h 80^a. Elle forme 2 séries traitées par la méthode du jardinage, à la révolution de

180 ans. La possibilité est fixée à 1,852 m. c. pour la 1° rotation de 15 ans s'étendant de 1887 à 1901.

Maubert et Gaulis, futaie de sapins et feuillus en mélange, de la contenance de 262ʰ 81ᵃ, traitée par la méthode du réensemencement naturel et des éclaircies et partagée en 5 affectations correspondant aux 5 périodes de 30 ans de la révolution de 150 ans. La possibilité s'élève à 416 m. c.

Trois forêts ne sont pas aménagés :

Ciniq, ancien taillis fureté, de la contenance de 50ʰ 17ᵃ. Aucune exploitation normale n'est possible dans cette forêt, en raison des difficultés considérables de la vidange et de l'éloignement des centres de consommation.

Miers, taillis sous futaie, de la contenance de 69ʰ 22ᵃ exploité en vertu de l'usage à la révolution de 30 ans.

Le Prieur, ancien taillis de hêtre fureté, de la contenance de 42ʰ 30ᵃ. En vertu d'un règlement d'exploitation, cette forêt a été parcourue sur la moitié de sa contenance par des coupes d'éclaircie accompagnées de plantations de résineux. Cette opération sera poursuivie sur l'autre moitié quand l'état du nouveau peuplement permettra de faire face aux droits d'usage au pâturage dont la forêt est grevée.

Aménagement des forêts communales. — Sur les 311 forêts communales ou sectionales, 52 sont aménagés :

34 forêts d'une contenance de 1141ʰ 78ᵃ sont traitées en taillis sous futaie ;
1   Id.   222ʰ 78ᵃ est traitée en taillis fureté ;
17   Id.   2149ʰ 75ᵃ sont traitées en futaie.

Les autres, au nombre de 259 ne sont pas aménagées.

135 forêts d'une contenance de 374ʰ 92ᵃ sont traitées en taillis sous futaie ;
11   Id.   Id.   de 366ʰ 96ᵃ   Id.   en taillis fureté ;
27   Id.   Id.   de 3,065ʰ 40ᵃ   Id.   en futaie ;
86   Id.   Id,   de 1,153ʰ 10ᵃ   Id.   sont sans régime.

Le manque de ressources des communes empêche de pourvoir les forêts d'aménagements ainsi que de délimitations et de bornages.

Forêts d'établissements publics.. — La forêt de l'hospice de Vic-sur-Cère, de la contenance de 4ʰ 94ᵃ, est aménagée en t. s. f. à la révolution de 20 ans.

CHAPITRE VI.

PRODUCTION DES FORÊTS EN MATIÈRE.

Production générale en bois. — Production des forêts soumises au régime forestier. — Exploitations accidentelles. — Menus produits.

Le département du Cantal renferme, outre les forêts soumises au régime forestier ou particulières, une quantité considérable d'arbres de bordure, servant de limites aux propriétés et aux pâturages, et d'arbres isolés. Ces arbres forment une portion importante de la production totale en bois dont le tableau suivant donne le détail par essence :

Production générale en bois :

ESSENCES.	PRODUCTION moyenne par année. m. c. grume.	ESSENCES.	PRODUCTION moyenne par année. m. c. grume.
Chêne.	43.000	*Report*	89.950
Hêtre	38.000		
Charme	»	Noyer	200
Frêne	4.000	Châtaigner	11.000
Orme	1.200	Coudrier	750
Érable	150	Bouleau	1.000
Aune	1.500	Saule	500
Tilleul	200	Sapin	20.000
Peuplier	1.000	Épicéa	150
Merisier	650	Mélèze	50
Alisier	150	Pin sylvestre	30.000
A reporter	89.950	TOTAL	153.600

Production des forêts soumises au régime forestier. — Les coupes des forêts domaniales sont vendues en adjudication publique. Celles des bois communaux sont délivrées aux communes et exploitées par un entrepreneur ou vendues suivant les besoins de la caisse municipale.

Le tableau suivant indique, par catégories de marchandises et par nature de propriétaires, les produits en matière et en argent des forêts soumises au régime forestier en 1887 :

	BOIS D'ŒUVRE (m. c. grume).				BOIS de chauffage m. c. grume essences mélangées	VALEUR nette en argent des coupes	VALEUR nette des produits secondaires	PRODUCTION totale en argent.
	Chêne.	Hêtre.	Sapin.	Pin.				
Forêts domaniales............	255	441	2502	»	1130	22301	1379	23680
Forêts communales.........	120	380	970	»	13000	50427	722	51149
Forêt d'établissement public...	»	»	»	»	36	71	»	71
Totaux.......	375	821	3472	»	14166	72799	2101	74900

Nous avons indiqué, sous le nom de valeur des produits secondaires, la valeur des exploitations accidentelles de chablis, les prix de locations des scieries, de concessions de droits de passage, d'extractions de pierre, les indemnités pour délais de vidange, etc.

Le produit en matière, en 1887, des forêts soumises au régime forestier s'élève donc à 18,834 mètres cubes et le produit en argent des recettes de toutes natures peut être évalué à 74,900 francs.

La production ligneuse a été de 1 m. c. 42, et la production en argent s'est élevée à 5 fr. 65, par hectare.

Exploitations accidentelles. — En dehors des coupes inscrites aux états d'assiette ou autorisées par décrets ou décisions spéciales, des exploitations accidentelles ont lieu dans les forêts et portent sur les bois dépérissants, sur les chablis causés par le vent, les avalanches ou la neige, sur les peuplements endommagés par les incendies, etc.

Dans les forêts communales, des bois d'œuvre sont délivrés en cas de besoin urgent.

Menus produits. — Mais ces produits ligneux ne sont pas les seuls que rapportent les forêts. Elles renferment des carrières de pierre, de sable, de pierre à tuiles, de minerai d'antimoine, dont l'extraction est concédée à prix d'argent. Les herbes, les genêts, sont l'objet de délivrances dans les forêts communales, la récolte de gentiane est affermée dans quelques forêts.

Enfin, en dehors de ces produits matériels, les forêts rapportent des sommes quelquefois importantes résultant de concessions de droits de passage, de prises d'eau, d'emplacements de scieries, d'indemnités pour prorogations de délais d'exploitation et de vidange. Nous ne parlerons pas du droit de chasse qui n'est pas affermé dans le Cantal en raison de la pénurie du gibier.

Les produits secondaires des forêts, chablis ou prix de concessions, ont produit, en 1887, comme nous l'avons vu, la somme de 1379 fr. dans les forêts domaniales et de 722 fr. dans les forêts communales.

Pour se rendre un compte exact du revenu des forêts, il faudrait encore ajouter à ces sommes l'évaluation du pâturage qui fait l'objet d'un des chapitres suivants. Nous avons porté cette évaluation à 29,000 francs en moyenne pour les forêts communales, chiffre certainement au-dessous de la vérité. Le produit total en argent des bois communaux s'élèverait alors à 80,000 francs au moins, et l'hectare rapporterait 6 fr. 75.

CHAPITRE VII.

PRODUCTION DES FORÊTS EN ARGENT.

Adjudications des coupes. — Délivrances affouagères. — Prix des bois. — Exploitations et vidange. — Scieries.

Adjudications des coupes. — Les coupes domaniales sont mises en vente aux adjudications générales, dans le courant du mois de septembre de chaque année. Il en est de même des coupes ordinaires ou extraordinaires des bois communaux quand le Conseil municipal a pris une délibération demandant la vente.

L'affiche des ventes comprend, indépendamment des coupes invendues de l'exercice précédent, cinq coupes domaniales et un nombre variable de coupes communales.

Délivrances affouagères. — Les coupes affouagères sont délivrées aux communes et aux sections et les produits sont partagés entre les ayants droit à l'affouage. L'état d'assiette de 1887 renferme 175 coupes portant sur 199^h 79^a de taillis, 113^h 26^a d'éclaircies et 2.174 mètres cubes.

Les résultats des adjudications sont très irréguliers. Des coupes restent invendues par suite de l'absence d'amateurs. C'est pour cette raison que les exploitations sont suspendues depuis 30 ans, en vertu d'un arrêté ministériel du 27 août 1847, dans la forêt domaniale de Ciniq, futaie de hêtre située dans la vallée du Goul, loin des centres de consommation. Les coupes de la forêt domaniale de Miers sont aussi peu recherchées, bien que Mauriac ne s'en trouve éloignée que de 14 kilomètres.

Mais les difficultés d'exploitation y sont considérables et les usagers renoncent souvent au taillis auquel ils ont droit. Il en est de même de la forêt domaniale d'Algères de Feniers : la concurrence n'existe presque jamais et engage l'adjudicataire habituel à acheter tous les deux ans la coupe de l'exercice et la coupe invendue de l'exercice précédent.

Il trouve avantage à exploiter une plus grande quantité de matériel à la fois. Dans les forêts de Murat et de Maubert, il existe moins d'imprévu dans les ventes, mais les difficultés d'exploitation ou de vidange, particulières à certaines coupes, rendent très variable le succès des adjudications.

Les coupes domaniales ou communales sont quelquefois délaissées lorsqu'un propriétaire particulier a vendu dans la région un matériel d'une certaine importance.

Le marchand de bois préfère toujours les coupes de cette nature à cause de la grande liberté qui lui est laissée et dont il abuse souvent.

Si les coupes sont souvent délaissées, c'est que le commerce de bois du Cantal est très restreint. Il n'existe que dans certains centres voisins des grands massifs forestiers, alimente surtout la consommation locale et se montre très réservé dans ses entreprises. En 1887, une coupe de 2,000 mètres cubes de bois de hêtre, en deux lots, située dans la forêt communale du Falgoux, est restée invendue. Une coupe de cette importance, comprenant exclusivement de gros bois propres à l'industrie, devait cependant tenter les amateurs et le dernier rabais prononcé avant le retrait de la coupe avait amené le prix du mètre cube sur pied à 1 fr. 25 seulement.

Aux adjudications générales de l'exercice 1887, il a été vendu sur pied 2739 m. c. de bois de service.
507 m. c. de bois d'industrie.
et 1052 stères de bois de chauffage.

Ce matériel avait été estimé 26,520 francs. Il a été vendu 27,410 francs, soit 3 0/0 au-dessus de l'estimation. Les frais d'exploitation avaient été évalués à 9,338 francs et les frais de transport jusqu'aux lieux de consommation à 16,000 francs.

Prix des bois. — La moyenne des prix de vente a été de :
13 fr. pour le m. c. de sapin.
 8   id.   de hêtre.
 9.50 id.   d'essences diverses, chêne, tilleul, frêne, aune.
 4.20 pour le stère de bois de chauffage d'essenses diverses mélangées.

Ces prix de vente moyens des diverses unités de marchandises, calculés sur l'ensemble de l'adjudication, ne sont plus exacts pour chaque article en particulier et diffèrent beaucoup entre eux. Ainsi, le mètre cube de sapin de la forêt communale de Laveissière s'est vendu 14 francs, parce que cette forêt est voisine de la gare du Lioran, tandis qu'il n'a atteint que 10 fr. 36 dans la forêt domaniale de Maubert et 6 fr. 88 dans la forêt domaniale de Murat. Le stère de bois de chauffage a été adjugé à 3 fr. 70 à Maubert, à 2 fr. 29 à Murat et n'a pas trouvé preneur à 1 fr. 25 au bois Mary du Falgoux.

Exploitations et vidange. — La cause de dépréciation des coupes réside surtout dans les grandes difficultés d'exploitation et de vidange que présentent la plupart des forêts. La forêt domaniale d'Algères de Feniers en offre un exemple frappant et ce que nous allons en dire peut s'appliquer à un grand nombre de forêts, surtout à celles qui occupent les flancs de vallées profondes comme celles de la Dordogne, de la Rhue, de la Véronne, de la Santoire, de la Marse, de la Truyère, etc. Cette forêt est située sur un versant en pente rapide, quelquefois abrupt, entre la Véronne et une ligne de crête. Des ravins profonds et des rochers s'opposent à la construction de chemins praticables. Les adjudicataires se contentent d'abattre et de tronçonner les arbres livrés à l'exploitation dans la coupe jardinatoire. Les billes de sapin sont lancées ou traînées jusqu'à la rivière dont le lit torrentueux est encombré de blocs de rochers. Ils y restent jusqu'à ce que la crue du printemps permette de les faire flotter jusqu'au confluent de la Rhue où ils sont débités à la scierie. Si la crue est insuffisante les bois resteront sur place jusqu'à l'année suivante.

Des ateliers de sabotiers taillent des sabots dans les billes de hêtre, de frêne ou de tilleul. On les transporte hors de la forêt à dos d'homme, et les souches, branchages, étocs ou petits arbres sont abandonnés sur place.

La vidange est donc fort incomplète, l'adjudicataire ne peut utiliser qu'une partie des produits qu'il a achetés, et l'Agent forestier est obligé de tolérer l'infraction au cahier des charges, sous peine de renoncer complètement à vendre les coupes.

Dans les forêts moins accidentées on charrie les bois à l'aide d'attelages de bœufs. Les pièces en grume sont traînées à l'aide d'un avant-train ou de rouleaux, les bois de chauffage sont entassés, non façonnés, sur des chars, les branches, regardées souvent comme sans valeur, demeurent sur le sol.

Scieries. — Des concessions temporaires de scieries ont été accordées dans les forêts domaniales pour favoriser la vente des coupes.

L'une de ces usines est située dans la forêt de Maubert, au lieu dit Le Moulin vieux. Elle est concédée pour 9 ans en vertu d'un arrêté préfectoral du 27 Décembre 1881, au prix annuel de 200 fr. Les terrassements, murs et prise d'eau appartiennent à l'Etat. La scierie des Essarts, établie dans la même forêt, est louée dans les mêmes conditions, en vertu d'un Arrêté du 29 Décembre 1882.

Enfin, il existe dans la forêt d'Algères une scierie amodiée, toujours dans les mêmes conditions, pour une nouvelle période de 9 ans, en vertu d'un Arrêté préfectoral du 21 Février 1888.

CHAPITRE VIII.

EMPLOIS ET DÉBITS DES BOIS.

Le sapin. — Le pin sylvestre. — L'epicea et le mélèze. — Le chêne. — Le hêtre. — Le chataignier. — Le tremble. L'aune. — L'orme. — Le tilleul. — Le frêne — L'érable champêtre. — Le noyer. — Le charme.

Le sapin. Les forêts domaniales de Murat, de Maubert et Gaulis et d'Algères, les forêts communales de Montboudif et de Trémouille renferment de beaux sapins. Ceux dont la circonférence atteint 3 mètres ne sont pas rares. Le diamètre de 0^m70 correspond, dans la forêt de Murat, à l'âge de 180 ans adopté pour la durée de la révolution. Dans la forêt de Maubert la croissance est beaucoup plus rapide et des sapins peuvent atteindre 1^m de diamètre dès 140 ans. On en rencontre aussi qui atteignent 5 et 6 mètres de tour, mais ce sont toujours de vieux arbres, très courts de fût et branchus, ayant crû à l'état isolé.

Il existe une très grande différence entre le sapin des vallées ou de la partie inférieure des versants et celui qui végète à la limite supérieure des forêts dans la zone qui touche aux pâturages. Le premier n'offre pas de caractères particuliers et ressemble au sapin des Vosges. Le second présente des formes tourmentées, quelquefois des cîmes multiples, un tronc noueux le plus souvent entr'ouvert par des blessures. Ses branches tordues supportent des touffes de lichen dû à la présence des nuages au milieu desquels il vit pendant une grande partie de l'année. Ces vieux sapins, souvent brisés par les vents ou par la foudre, servent de rempart et d'abri à la forêt. Ils rompent l'effort du vent, maintiennent les bancs de neige qui forment les avalanches, arrêtent les pierres roulantes provenant de la désagrégation des roches basaltiques. Leur couvert bas maintient une couche épaisse de mousse et préserve le sol de la dénudation favorable à la formation des torrents. Sans aucune valeur marchande, ils sont cependant très précieux et le forestier qui les exploiterait sous prétexte qu'ils sont dépérissants commettrait une lourde faute.

Le sapin du Cantal fournit en moyenne 2/3 de son volume total en bois de service ou d'industrie et 1/3 en bois de chauffage.

Le branchage, considéré comme sans valeur, est abandonné le plus souvent sur place.

Les bois propre au service et à l'industrie sont débités en pièces de charpente et en planches.

Les pièces de charpente ont des dimensions variables suivant la grosseur de l'arbre et l'usage auquel elles sont destinées. Les plus employées sont des chevrons de $\frac{0,10}{0,20}$, d'équarissage.

Le débit en planches se fait dans les scieries, en planches marchandes dites $\frac{12}{9}$, en planches larges dites $\frac{12}{12}$, ou en planches réduites dites $\frac{12}{8}$, c'est-à-dire en planches ayant généralement 1 pouce, ou 0^m027, d'épaisseur et une largeur de 12 pouces sur 9, 12 ou 8 pieds de longueur.

Les débits en lattes et en douves pour tonneaux sont peu pratiqués.

Le débit par la fente est usité pour la fabrication des *bacholles*, petites cuves employés dans le Puy-de-Dôme pour le transport des raisins. Il se fait surtout dans la forêt de Maubert dont les sapins à croissance assez rapide fournissent des bois propres à la fente. Le mètre cube fournit 20 bacholles qui se vendent 5 francs l'une en forêt. Le débit a lieu, avec un déchet de 50 o/o, à l'aide d'un couteau à deux mains.

Le débit en bardeaux, si usité dans les Vosges, n'existe pas dans le Cantal où certains basaltes, qui se fendent en lames minces, servent à la couverture des habitations. Il en est de même des boites à fromages qui sont remplacées par des paniers de bois de châtaignier.

La récolte de la sève de sapin sur l'arbre écorcé sur pied dans les coupes a eu lieu pendant plusieurs années, avec succès, pour la préparation de la vaniline employée par les parfumeurs. Cette récolte est à peu près abandonnée.

Le pin sylvestre. — Le pin sylvestre est l'une des essences les plus intéressantes qui peuplent les forêts du Cantal, parce qu'elle est de beaucoup la plus employée pour les reboisements. Il occupe 2,400 hectares de forêts soumises au régime forestier, dans les arrondissements de Murat et de St-Flour. Le massif le plus important, nommé la Pinatelle, a une contenance d'environ 1,200 hectares et couvre un vaste plateau mamelonné situé à l'altitude de 1,100 mètres, entre Murat et Allanche. La futaie y est généralement claire, parfois clairiérée, et offre alors l'aspect d'un pré-bois. Le terrain, couvert d'une herbe épaisse, est parcouru par de nombreux troupeaux de bêtes à cornes et de chevaux. La régénération naturelle par les coupes d'ensemencement y est absolument insuffisante.

On y supplée par des plantations de pin, mélèze et épicéa qui donnent d'excellents résultats. Les pins de la Pinatelle sont le plus souvent peu élevés, comme tous les arbres ayant crû à l'état trop clair. Ils offrent souvent des formes défectueuses dues à la rigueur du climat, aux neiges qui les écrasent étant jeunes, qui brisent plus tard leurs branches, au pâturage, enfin, qui cause une foule d'accidents aux jeunes sujets. Leur circonférence atteint au maximum $1^m 80$. Nous sommes toutefois persuadé que ces formes irrégulières ne sont pas un défaut particulier au pin sylvestre dit d'Auvergne, et nous croyons que les perchis situés dans de bonnes conditions de végétation, soumis à des éclaircies commencées de bonne heure et répétées à courts intervalles, tous les 5 ans, par exemple, produiront des arbres droits et de fûts suffisamment élevés. Nous avons constaté cette amélioration des formes par les éclaircies de la forêt de Haguenau, dont les pins étaient autrefois accusés d'être voués à la difformité. Notre opinion n'a fait que se confirmer par les exemples nombreux que nous avons eus, depuis, sous les yeux. Il n'y a donc pas à craindre que la graine de la sécherie de Murat ne donne naissance fatalement à des pins tordus, et nous connaissons de fort beaux perchis qui sont la preuve de l'opinion que nous avançons.

Les pineraies du Cantal soumises au régime forestier appartiennent à un grand nombre de communes ou de sections. Les coupes sont délivrées aux habitants qui se servent des produits pour leur chauffage. Toutefois on les débite aussi, mais seulement pour les usages locaux, en planches de 0^m03 d'épaisseur employées pour la menuiserie.

Les propriétaires particuliers de terrains reboisés livrent au commerce des étais de mine, des poteaux télégraphiques, du bois de chauffage et des échalas. Un mètre cube produit 400 échalas de 1^m60 de longueur vendus 30 francs le mille.

L'industrie de la pâte à papiers, qui offre un débouché si considérable à la production des pins dans les Vosges, manque dans le Cantal.

L'épicea et le mélèze. — L'épicéa et le mélèze n'existent pas à l'état spontané dans les forêts du Cantal. Ils y ont été introduits par voie de plantations, et les résultats sont très satisfaisants. La forêt domaniale de Murat renferme 242 hectares de beaux perchis d'épicéa et de mélèze, en mélange, âgés de 17 à 32 ans, plantés dans les vides et les peuplements ruinés. Ces essences réussissent aussi remarquablement bien dans la forêt de la Pinatelle, et les succès obtenus dans les repeuplements engagent les propriétaires particuliers à s'en servir de plus en plus.

Nous ne pouvons rien préjuger des qualités futures de bois aussi jeunes. Les perches les plus fortes atteignent dans la forêt de Murat 0^m80 de tour et 12^m de hauteur. Les perchis éclaircis de 1876 à 1880 ont produit en moyenne 50 mètres cubes à l'hectare.

Le chêne. — Les forêts domaniales du Cantal ne renferment qu'une très faible proportion de chêne. Il existe, soit pur, soit en mélange, dans un grand nombre de forêts communales, et la production totale annuelle des bois soumis au régime forestier peut être évaluée à 5.600 mètres cubes.

Le chêne rouvre et le chêne pédonculé se rencontrent dans tout le département, suivant que les conditions de la végétation sont favorables à l'un ou à l'autre. Mais la source la plus considérable de la production du bois de chêne réside dans les bordures des propriétés et des chemins. Les champs, les prairies, sont limités par des haies, des plantations d'arbres, de chênes surtout, qui donnent à la région l'aspect boisé. Le long des chemins, elles servent de clôture et opposent une forte barrière aux troupeaux. Les arbres isolés sont conservés pour servir d'abri au bétail. On en rencontre beaucoup, et de très vieux, dont la cîme et le tronc offrent un développement remarquable.

Les chênes de bordure sont élagués et étêtés, et fournissent le bois nécessaire au chauffage des fermiers.

L'alimentation en bois de chauffage de la ville d'Aurillac a lieu, en grande partie, au moyen des arbres de bordure, chênes et hêtres, que les paysans amènent sur des chars, les jours de marché, simplement tronçonnés.

Nous dirons peu de chose des débits et emplois du chêne dans le Cantal, car ils sont à peu près les mêmes que partout ailleurs, mais plus restreints, en raison de la difficulté des transports, de la qualité médiocre des bois, résultant des élagages, et de l'absence de pièces régulières de fortes dimensions.

Le bois de service sert aux usages locaux ; le débit en traverses de chemins de fer n'existe pas. Le sciage le plus usité est celui des frises pour parquets de 2 ou 3 mètres de longueur sur 0^m12 ou 0^m14 de largeur et 0^m032 d'épaisseur.

La fabrication du merrain emploie aussi une centaine de mètres cubes qui servent à confectionner des barils d'eau de vie de la Charente.

Le hêtre. — Le hêtre occupe parmi les essences qui peuplent les forêts du Cantal, une place aussi importante que celle du chêne. Sa production annuelle, dans les bois soumis au régime forestier, peut être évaluée à 6.000 mètres cubes. Certaines futaies, comme les forêts domaniales de Maubert et d'Algères, la forêt communale du Falgoux, renferment de grandes quantités de hêtres de fortes dimensions. On en rencontre beaucoup de 2^{m}40, quelques-uns même de 3^m de tour. Ces bois seraient éminemment propres aux usages industriels, mais la difficulté des transports en réduit beaucoup les emplois.

Comme bois de service, le hêtre est employé dans les constructions et fournit environ 400 traverses de chemins de fer par an.

Comme sciages, il est débité en plateaux de 0^{m}06, 0^{m}08 et 0^{m}10, et en planches de 0^{m}032 d'épaisseur pour l'ébénisterie. Le mode de sciage le plus fréquemment employé est le débit sur dosses ; la planche conserve toute sa largeur.

On emploie le hêtre pour la fabrication des jantes de roues, des socs de charrues, des jougs de bœufs, des ustensiles de laiterie. Il sert à la confection des manches de parapluies. Ces manches sont préférables à ceux de chêne parce qu'ils ne se courbent pas. Ils coûtent au fabricant de 0 fr. 10 à 0 fr. 30 la pièce, suivant que le bois est plus ou moins ouvré.

Le Cantal ne fournit presque pas de merrain, et l'usage le plus important du hêtre est la fabrication des sabots qui constitue, avec celle des parapluies, l'industrie locale bien connue.

On fabrique les sabots en forêt, quand la vidange est difficile et coûteuse, comme dans la forêt domaniale d'Algères, ou bien dans les villes et hameaux, à l'aide de bois préalablement ramollis dans l'eau. Les billes sont découpées à la scie en tronçons de 0^{m}16 à 0^{m}36 de longueur, suivant les dimensions des sabots à obtenir. On fend ces tronçons à la hache, de façon à leur donner la forme d'un prisme dans chacun desquels l'ouvrier découpe grossièrement un sabot avec une hachette. Il forme l'entrée et le talon avec l'herminette et lui donne sa forme définitive. Puis il le creuse avec des cuillers et le boutoir et le polit à l'intérieur et à l'extérieur. Ces sabots coûtent 3 fr. 60 de façonnage par douzaine de paires. On les vend 0 fr. 90 la paire.

Dans les villes la fabrication est plus soignée, les sabots

sont noircis ou vernis, ornés de dessins et munis de brides en cuir.

Le châtaignier. — Le châtaignier n'existe dans le Cantal qu'au dessous de 700 mètres d'altitude et seulement à l'état d'arbres isolés.

Il est très peu employé comme bois de service et comme bois de fente. On en fait des planches de 0^m 032 d'épaisseur, équairies à vive arête, et auxquelles on laisse toute leur largeur. Tel est le débit usité pour la menuiserie et l'ébénisterie.

Mais l'emploi très important qu'il reçoit dans le Cantal résulte de la fabrication de produits destinés à charger les soies avant la teinture et à tanner les cuirs.

Une usine, dirigée par MM. Marchal et Borie, est installée près de la gare de Maurs, dans d'excellentes conditions, et possède des appareils perfectionnés à la suite d'une longue expérience.

Les tiges et grosses branches des châtaigniers sont réunies dans un vaste chantier où elles sont écorcées à l'aide de la hache et du couteau à deux mains. Elles sont amenées pièce à pièce sur un châssis et poussées à la main contre un tambour garni de lames d'acier qui les réduit en copeaux en agissant dans un plan perpendiculaire à la direction fibres. Ces copeaux servent à chauffer la machine à vapeur qui actionne tous les appareils, après qu'ils ont été dépouillés des principes utiles. Au sortir de ce rabot circulaire, ils sont saisis par un monte-charge, composé d'une chaîne sans fin munie de godets, et transportés à l'étage supérieur. De là, on les dirige, suivant les besoins, dans l'une des 4 cuves où ils subissent l'action de l'eau et de la chaleur. Chacune de ces chaudières, en cuivre, d'une capacité de 10 mètres cubes, communique avec les autres, avec le générateur de la machine à vapeur, avec une pompe pour amener l'eau et avec les appareils de concentration. Les communications sont établies, comme il convient, à l'aide de robinets, avec l'un ou l'autre de ces appareils. L'opération est réglée de telle sorte qu'une cuve remplie de copeaux reçoive trois lavages des eaux provenant des autres cuves et déjà chargées de principes tanniques et galliques. L'eau pure est introduite dans la cuve dont les copeaux ont subi ces trois macérations. Elle achève de les dépouiller et passe ensuite dans les autres récipients où elle se chargera de plus en plus, tandis que le bois passe aux résidus. L'opération dure environ une heure et demie pour chaque cuve; la chaleur est maintenue à 106 degrés centigrades, et la pression à 1,50 atmosphère.

Le jus de la dernière macération est ensuite concentré, à l'aide du vide et de la chaleur, dans les appareils à triple effet employés dans les raffineries de sucre. La pression est calculée de telle sorte que l'ébullition ait lieu à la température de 66°. Le liquide concentré passe dans un réfrigérant et, de là, dans les réservoirs de décoloration qui consistent en 15 cuves en bois de la capacité de 10,000 litres chacune. Il y subit l'action d'un réactif gardé secret et en sort clarifié et en grande partie décoloré. Les résidus de cette opération restés au fond des cuves sont filtrés au travers de plaques de feutre dans une presse et à la pression de 3 à 4 atmosphères.

Les jus clarifiés sont propres à être livrés à la consommation.

L'usine fabrique séparément et alternativement, dans les mêmes appareils, mais à des degrés de concentration et de décoloration différents, ceux qui servent au tannage et ceux que l'on destine au chargement des soies. Elle consomme annuellement 10.000 tonnes ou 1660 mètres cubes de bois de châtaignier, provenant des départements du Cantal, du Lot, de la Corrèze, etc.

Ce bois pèse environ 600 kil. par mètre cube à l'état frais; il est acheté au poids à raison de 12 à 14 fr. la tonne, c'est-à-dire à environ 8 fr. le mètre cube.

Cette industrie est en pleine activité, elle utilise des bois souvent impropres à tout autre usage. Mais il ne faut pas oublier que le châtaignier, même très vieux, creux, réduit presque à son écorce, produit encore des récoltes, et il est à craindre que cette ressource précieuse ne soit compromise par la facilité qui est toujours offerte au paysan de se procurer de l'argent en coupant les arbres de son domaine.

Les essences accessoires. — Nous dirons peu de chose des emplois et débits des essences qui croissent en faible proportion dans les forêts, et du noyer, qui n'existe qu'à l'état d'arbre isolé. Ces emplois n'offrent rien de particulièrement intéressant.

Le tremble sert à faire des sciages pour meubles et caisses d'emballage ; l'aune est employé pour le sabotage ; l'orme, à la fabrication des moyeux de roues et au charronnage, le tilleul, au sabotage et à l'ébénisterie ; le frêne, au charronnage, au sabotage, à la confection des manches d'outils et de fouets ; l'érable champêtre, au charronnage, au sabotage, à l'ébénisterie ; le noyer, à l'ébénisterie, à la confection des sabots, des semelles de galoches et des ustensils servant à la fabrication des fromages.

Le charme est très rare ; on peut considérer sa production comme nulle.

Les bois d'œuvre de toutes essences entrent pour une grande proportion dans les constructions des vieux quartiers d'Aurillac. Ces maisons de bois et de briques ou de torchis donnent à certaines parties de la ville un caractère pittoresque très curieux, à celles des bords de la Jordanne, par exemple. Mais le danger d'incendie est menaçant, et la population garde le triste souvenir de catastrophes dans lesquelles un grand nombre d'habitants ont trouvé la mort.

Nous avons fort peu de chose à dire du débit des bois de chauffage. Il a lieu de la façon la plus sommaire. Les bois ne sont presque jamais façonnés en stères sur la coupe. On sort des forêts les tiges sciées en billes de 2 à 3 mètres de longueur, ainsi que le branchage et les brins du taillis, et on les façonne dans les villes et les villages, au fur et mesure des besoins.

CHAPITRE IX.

DÉGATS CAUSÉS AUX FORÊTS.

*Les vents. — La neige. — Les avalanches. — Les incendies. —
Les insectes. — Les mauvaises exploitations.*

Les vents. — Les coups de vent sont particulièrement dangereux dans les sapinières qui occupent les régions élevées du Cantal situées entre 1,000 et 1,300 mètres d'altitude, et, cependant, le nombre des chablis qui se produisent annuellement n'est pas considérable dans les forêts soumises au régime forestier, parce que le jardinage est le mode de traitement exclusivement employé. Le massif n'est jamais entr'ouvert. Il n'en est pas de même dans les sapinières particulières parce que les mauvaises exploitations pratiquent le plus souvent des trouées.

La neige. — La neige tombe généralement dans le massif central en novembre et persiste, selon l'altitude, jusqu'en mars ou en mai. Toutefois, ces époques sont très variables suivant les années. En 1887, une chûte de neige considérable eut lieu à partir du 8 octobre et arrêta tous les travaux de reboisement que l'on espérait poursuivre jusqu'aux premiers jours de novembre. L'épaisseur des couches successives qui s'accumulent dans les régions élevées atteint souvent plusieurs mètres. Les jeunes peuplements, les semis artificiels sont ensevelis sous une sorte de voûte qui les courbe et souvent les brise. Ces accidents se produisent surtout dans les jeunes perchis de résineux trop serrés dont les branches s'entrelacent et empê. chent la neige de descendre jusqu'au sol.

Les avalanches. — Au printemps, quand les rayons du soleil ont ramolli la couche de neige, des avalanches se détachent des versants, suivent généralement, en raison de la configuration du terrain, les mêmes voies et forment des couloirs. Sur ces espaces ravagés, une végétation de broussailles rabougries et traînantes peut seule résister, sans cesse détruite et renouvelée. Il existe un couloir d'avalanches remarquable dans la forêt communale de Laveissière et plusieurs dans la forêt domaniale de Murat.

Dans les régions élevées, les arbres contribuent à empêcher le glissement des neiges et la formation des avalanches. C'est pourquoi il est indispensable de conserver soigneusement, à titre de barrière, tous les arbres qui s'y trouvent, quelque dépérissants qu'ils soient.

Lorsque la fonte se produit, le couvert des arbres la retarde, la rend moins brusque, la couche épaisse de mousse retient les eaux qui s'écoulent lentement sans former de torrents dangereux.

Les incendies. — Les incendies sont fréquents au printemps, surtout quand une période de sécheresse a rendu inflammables les herbes mortes et les broussailles. La malveillance y est généralement étrangère ; le feu se propage souvent des terrains avoisinant les forêts, par suite de l'imprudence des pâtres, ou quand on pratique des écobuages. Dans les jeunes taillis, et surtout lorsque le terrain est fortement embroussaillé et couvert de bruyères, le dégât est toujours considérable et un recépage est nécessaire. Quand la couverture du sol est formée seulement de feuilles sèches, le feu passe souvent assez rapidement pour endommager très peu un taillis déjà assez fort. Le 27 avril 1887, un incendie a eu lieu dans la forêt sectionale de Pommiers (Ally), et parcourut 3 hectares. Le 3 mai, un feu allumé par des bergers parcourut 12 hectares de la forêt communale de Rouffiac et 6 hectares de bois particuliers, causant des ravages considérables. Le danger est surtout à redouter dans les pineraies, qui offrent au feu un aliment facile et renferment souvent des espaces couverts de bruyères qui le propagent. Le moyen de s'en préserver, consiste à entretenir des laies sommières qui sont piochées au printemps pour enfouir les herbes sèches. Le feu peut ainsi être circonscrit et arrêté par les procédés ordinaires.

Les insectes. — Les ravages causés par les insectes sont peu considérables.

En 1873, une invasion de l'Hylésine piniperde survint dans la forêt sectionale de Rochegrande, qui fait partie de la pineraie de la Pinatelle, appartenant à la commune d'Allanche et à plusieurs autres communes. Elle céda à l'emploi de réchauds de résine allumés pendant la nuit aux points de rencontre de nombreuses tranchées ouvertes à cet effet. Les insectes venaient se brûler en quantités considérables et ce mode de destruction a donné de très bons résultats.

En 1876, une invasion de larves du hanneton détruisit 1/3 des semis de l'année, de la pépinière domaniale d'Arpajon, ainsi que près de 2 millions de plants repiqués de pin sylvestre, de pin d'Autriche, d'épicéa et de mélèze. Les plants feuillus étaient moins atteints. On arriva à détruire les larves, et surtout les œufs pondus du 15 mai au 15 juin 1877, au moyen de labours répétés.

Les mauvaises exploitations. — Si les coups de vent, la neige ou les insectes endommagent les forêts, il est deux causes de destruction bien autrement puissantes dont nous allons parler; ce sont les mauvaises exploitations et le pâturage.

Dans les forêts soumises au régime forestier, les adjudicataires et les entrepreneurs sont obligés de se conformer aux conditions des cahiers des charges et des clauses spéciales. Les bons effets de ces règlements sont souvent compromis, dans les coupes affouagères, par les difficultés résultant de la configuration du terrain, de la rigueur du climat, des habitudes locales invétérées, et fort souvent par la négligence et le mauvais vouloir des habitants.

Mais le mal est incomparablement plus grand dans les forêts particulières ou communales, non soumises au régime forestier. Les bois de cette catégorie sont bien rarement aménagés. Les exploitations ont lieu le plus souvent au hasard et uniquement au point de vue de la recette. Nous connaissons des sapinières ruinées par des coupes abusives, et nous en avons fait des photographies. Des coupes jardinatoires auraient dû être pratiquées dans ces forêts, situées souvent entre 1000 et 1500 mètres d'altitude, pour conserver le massif intact. Les propriétaires ont vendu, indistinctement, tous les sapins d'une circonférence supérieure à 0^m80, de là des vides, des trouées donnant prise au vent. Les arbres restant sur pied sont souvent isolés de toutes parts, et leur cîme brisée, leurs branches arrachées témoignent du manque de soins avec lequel ont a fait cet énorme abatis. Les semis sont enfouis sous des amas de branches qui les écrasent, le traînage des billes les arrache, entame l'écorce des arbes, les délais de vidange prolongés perpétuent cet état pendant des mois.

Quand on a vu ces exploitations, on ne s'étonne plus des différences absolues que présentent des forêts contiguës situées dans les mêmes conditions de végétation : Ici on trouve une belle sapinière, là un bois de hêtre pur, plus ou moins rabougri et clairiéré. Le sapin, arbre de valeur, a été exploité à outrance, et le hêtre, bois souvent dédaigné à cause du prix du transport, a pris peu à peu sa place. Le pâturage exercé abusivement a abrouti les semis de hêtre, et ce peuplement irrégulier sera exploité dans la suite par le furetage ou des éclaircies trop fortes qui créeront des clairières. Quand les souches seront devenues trop âgées pour donner des rejets, la forêt disparaîtra peu à peu, à moins que des repeuplements artificiels ne la reconstituent. Nous n'exagérons rien, nous connaissons beaucoup de forêts en cet état, et le forestier qui parcourt le massif central les rencontre fréquemment.

CHAPITRE X.

LE PATURAGE.

L'élevage dans le Cantal. — L'industrie fromagère. — Le parcours en forêt. — Dégâts causés. — Cantons défensables. — Le pacage. — Les droits d'usage au parcours.

L'élevage dans le Cantal. — Nous avons dit que les prés et les terres vagues occupent 0,40 de la surface du département du Cantal. Aussi l'élevage est-il la principale richesse du pays. Les questions de pâturage ont une importance extrême au point de vue de l'état et de l'avenir des forêts. Elles sont la cause vraie de beaucoup de revendications des communes, cachées souvent sous des motifs spécieux, et la raison de bien des réclamations contre les entraves nécessaires apportées par le régime forestier à la jouissance des propriétés boisées. Nous en parlerons donc avec quelque détail. Nous ne dirons rien de l'élevage des chevaux et des mulets, bien qu'il soit une source de revenus importante et fournisse à l'armée et au commerce d'excellents produits. Les chevaux et les mulets sont surtout élevés dans les vallées et pâturent peu en forêt. Il en est tout autrement des bêtes bovines et des moutons. La race bovine de Salers, remarquable par sa taille assez forte et sa robe uniformément rouge foncé, est répandue dans la plus grande partie de la région. La race d'Aubrac, plus petite, de robe isabelle ou grise, occupe le sud du département. Les animaux de ces deux races sont d'une rusticité à toute épreuve, résistent aux intempéries et se contentent d'une nourriture grossière et trop souvent insuffisante. Pendant l'hiver ils sont nourris à l'étable. Au printemps, aussitôt que l'herbe nouvelle a commencé à pousser, on les conduit dans les prairies basses où ils pâturent jusqu'au moment où les plantes fourragères des pâturages de montagne ont commencé à grandir. Les propriétaires qui louent leurs prés perçoivent en moyenne 1 fr. par jour et par tête de bétail. Aussitôt débarrassées du bétail, grâce à la fertilité du sol, à l'humidité constante et à la chaleur, ces prairies se couvrent d'une herbe épaisse et vigoureuse qui donnera une récolte de foin abondante. Vers le 15 mai, les troupeaux de vaches s'acheminent vers les hauts plateaux, dirigés par les bergers montés sur les robustes chevaux du pays et armés de l'aiguillon.

Chaque troupeau, ou vacherie, comprend de 30 à 50 vaches gardées par deux bergers et un vacher qui habitent le buron, maison grossièrement bâtie, où s'opère la fabrication des fromages. Les vaches, libres pendant toute la journée, sont parquées pour la nuit dans un enclos et restent exposées ainsi, pendant plusieurs mois, à toutes les intempéries, garanties seulement des grands vents par des claies contre lesquelles elles s'abritent. Maigres et affaiblies à leur arrivée, à la suite des longues abstinences de l'hiver, elles reprennent rapidement de la chair et de la force, grâce à une nourriture abondante.

L'industrie fromagère. — Chaque vache fournit en moyenne de 900 à 1,000 litres de lait à l'aide duquel le buronnier fabrique environ 100 kilog. de fromage.

Le lait caillé est placé dans des récipients en bois percés de trous. Le buronnier, les jambes nues, s'agenouille pendant environ 1 heure sur la pâte, et la pression, jointe à la chaleur du corps, fait écouler le petit lait et dessèche le fromage qui est divisé en petits fragments, puis émietté à la main et placé dans de grands moules en bois chargés de pierres.

La première qualité de beurre, qui est peu fabriquée, est obtenue par la crème surnageant sur le lait cru. Les 2e et 3e qualités sont faites avec la crème du lait chauffé. La 4e, enfin, ou beurre de montagne, est fournie par la crème de mauvais goût, souvent corrompue, qui demeure dans le petit lait ayant déjà servi à la fabrication du fromage.

Lorsque la saison est devenue rigoureuse, vers le 15 octobre, les vacheries descendent dans la plaine où elles sont nourries dans les prairies jusqu'à l'hiver.

Un pâturage de montagne et l'étable pour les vaches, ou buron, constitue « une montagne ». Le propriétaire d'une montagne prend en pension les vaches de la plaine pour l'estivage, moyennant un prix convenu.

Les races de Salers et d'Aubrac fournissent des produits considérables au commerce d'animaux de boucherie. Les bœufs de Salers sont expédiés à Paris, ceux d'Aubrac sont achetés pour Marseille et la Provence.

Le parcours en forêt. — Si vastes que soient les pâturages, ils ne suffisent pas à la population de plus de 200,000 bêtes à cornes que renferme le Cantal, ou, du moins, l'habitude s'est invétérée de leur adjoindre le parcours en forêt.

Il s'exerce dans les forêts de toutes catégories, soit en vertu de droits d'usage, soit en raison du droit du propriétaire ou de locations.

Dégâts causés. — Cantons défensables. — Dans les bois soumis au régime forestier, les cantons défensables sont déterminés annuellement par les agents forestiers, conformément aux dispositions de l'article 119 de l'ordonnance réglementaire du 1er août 1827.

Les forestiers ont à se préoccuper de la défensabilité des forêts et du nombre de bestiaux à admettre au parcours. Dans les futaies, l'âge auquel le jeune peuplement est défensable ne peut être précisé. Il est extrêmement variable et dépend des conditions dans lesquelles la régénération a pu s'effectuer en raison de la réussite du semis naturel, de la fertilité du sol, de l'exposition, de la nature des essences, de l'existence des repeuplements artificiels destinés à compléter le semis. Un canton ne doit être ouvert au parcours que quand le peuplement est complet et assez fort pour résister à la dent des bestiaux et aux autres causes de destruction que provoque leur contact.

Ces causes sont multiples. Les animaux brisent les brins trop faibles, dégarnissent de leurs branches ceux qui résistent, détériorent les écorces en se grattant. Les brins courbés par le passage des vaches se redressent souvent, mais le fer des chevaux les coupe, et quand un troupeau de 20 ou 30 chevaux s'élance au galop, comme cela arrive souvent, les ravages sont considérables. Il est absolument faux de dire que les bestiaux ne s'attaquent qu'à l'herbe. En été, ils dévorent les feuilles, au printemps, les jeunes pousses gorgées de sève sont pour eux une friandise, surtout quand l'herbe est rare. Dans les futaies qui vont être mises en coupes de régénération, les bestiaux détruisent les semis existants, durcissent le sol par le piétinement et le rendent moins propre à recevoir les graines et les faire germer. Aussi peut on dire que le parcours n'est sans danger que dans les perchis d'âge moyen éloigné de l'époque du passage des coupes.

Dans les taillis, la croissance des rejets étant assez uniforme et assez rapide, permet l'introduction des bestiaux à un âge peu avancé que l'on peut évaluer à 11 ans, dans les terrains fertiles, et à 13 ans dans les sols maigres. Le danger est à peu près le même que dans les futaies, car, si le semis naturel n'est pas le principal facteur dans la régénération, il contribue à préparer pour l'avenir les arbres de la réserve. Or, le pâturage le détruit à mesure qu'il se produit et il faut renoncer à trouver, lors du balivage, les brins de semence qui seuls peuvent vivre pendant plusieurs révolutions et produire des bois d'œuvre. Le taillis lui-même, qui n'est pas régénéré et rajeuni par les brins de semence, est condamné à se dégrader parce que les souches deviennent trop vieilles et périssent.

Dans les taillis furetés, le bétail continue l'œuvre de destruction commencée par ce mode de traitement si nuisible. Aussi, présentent-ils tous le plus triste aspect.

Les dangers du pâturage règlementé et surveillé sont donc très-grands. Quand la surveillance est insuffisante il ruine les forêts et les réduit à l'état de buissons abroutis, remplis de clairières, tels qu'on les voit presque partout, formant une zône dévastée autour des pâturages et le long des chemins qui y conduisent.

Dans les bois non soumis au régime forestier, il n'est

guère tenu compte de la défensabilité ni du nombre des bestiaux à admettre au parcours. La plupart des forêts communales dont la surveillance échappe à l'Administration des forêts, sont abandonnées à tous les abus de pâturage. Les exploitations sont faites sans méthode et les bestiaux dévorent les jeunes bois. Nous n'exagérons pas, voici un exemple parmi beaucoup d'autres : de 1884 à 1888 un bois de plus de 10 hectares, hêtre et sapin, a été exploité, puis anéanti par le pâturage. Il est aujourd'hui couvert de bruyère. Il a suffi de 4 ans pour que la destruction fût complète, et une lande improductive de plus a remplacé une forêt sur les flancs du Plomb du Cantal.

Le parcours n'est jamais inoffensif et ne s'exerce qu'aux dépens de la forêt et de ses produits. Il est pourtant réclamé par les communes, dont beaucoup sollicitent sans cesse des extensions, l'abaissement de l'âge de défensabilité, même jusqu'à 7 ans, comme nous l'avons vu demander. C'est que, dans le Cantal comme dans toutes les régions montagneuses, boisées et pauvres, le bois a peu de valeur sur place et le bétail est la principale ressource. Il est donc naturel que certaines communes s'efforcent d'accroître l'étendue des cantons défensables en renonçant à exploiter des coupes de taillis, en sollicitant des coupes d'éclaircie dont le but inavoué est de diminuer le couvert outre mesure, de façon à favoriser la croissance de l'herbe. Puis, la forêt n'est pas seulement utile par le supplément de nourriture qu'elle produit ; elle sert d'abri au bétail pendant les pluies, la neige, les fortes chaleurs, alors que, souvent, tourmenté par les mouches, il se précipite d'instinct dans les bois malgré les efforts des bergers.

La détermination du nombre des bestiaux à admettre au parcours est très importante, en raison des dégâts causés individuellement par chacun d'eux et dont la forêt ne peut supporter qu'une certaine somme. Les usages locaux ont établi que l'on peut admettre au parcours par hectare :

2 gros animaux, bœuf, vache ou cheval ;
Ou 3 génisses ou taureaux entrant dans leur 2ᵉ année d'âge (doublons) ;
Ou 4 veaux d'une année (bourrets) ;
Ou 5 moutons.

Dans les 11,852 hectares de bois communaux soumis au régime forestier, il est introduit au parcours, en moyenne, 5,200 têtes de bétail, dont : 200 chevaux ou mulets, 4.500 bêtes à cornes et 500 moutons, sur une surface de 4,680 hectares de cantons défensables, soit 0,39 de la contenance des bois. En estimant à 6 fr. seulement par tête de gros bétail et à 1 fr. 50 par mouton, la valeur de la nourriture, c'est la somme de 29,000 fr. qui représente le produit du parcours dans les forêts communales. Mais ce chiffre est au-dessous de la vérité car le droit de parcours d'une vache se paie souvent 15 fr. par an dans un bois particulier. Le parcours produit donc un revenu de 2 fr. 45 par hectare.

Le pacage. — Le pacage, interdit par l'article 112 du Code forestier, a été autorisé par décrets spéciaux, dans certaines forêts, lorsque la nature des peuplements permet l'introduction des moutons dans les bois sans qu'il en résulte de dommages. Le pacage s'est exercé dans les forêts communales de Bonnac, d'Arches, La Chapelle-Laurent, Chaudesaigues, Chalinargues. Il s'exerce aujourd'hui dans les forêts de Lussaud et Coharde-Basse (commune de Laurie), en vertu d'un décret du 4 avril 1886. Ces forêts sont des taillis furetés, et les sections ont renoncé aux coupes de bois pour conserver le pacage.

Les droits d'usage au parcours. — Le pâturage s'exerce en vertu de droits d'usage dans les forêts domaniales, communales ou particulières.

Trois forêts domaniales sont grevées de ces droits :

La forêt de Murat, au profit des habitants d'Albepierre et de la Molède (section de la commune de Bredons), en vertu d'un arrêt du Conseil du Roi en date du 22 mars 1729 ;

La forêt du Prieur, au profit de la commune de la Trinitat, en vertu d'actes en date de 1765 confirmés par jugement du tribunal de Saint-Flour du 27 août 1850 ;

Enfin, la forêt de Ciniq est grevée d'un droit d'usage au pacage, *in casu necessitatis*, au profit des propriétaires des montagnes de Lebuel, en vertu d'un acte de 1343 confirmé par jugement du tribunal de Saint-Flour du 10 mars 1828.

Parmi les forêts communales, la forêt de Laveissière seule, de la contenance de 351^h 25 est grevée d'un droit d'usage sur une étendue de 273 hectares, au profit de deux usagers. La commune a affermé le parcours sur les 134 hectares qui lui restent avec la montagne du Cheylat qui lui appartient.

Le pâturage s'exerce aussi dans les bois particuliers en vertu de droits d'usage, et les agents forestiers sont souvent appelés à procéder à des expertises et à désigner les cantons défensables dans un rapport déposé à la Sous-Préfecture, en exécution des articles 119 du Code forestier et 151 de l'Ordonnance règlementaire.

CHAPITRE XI.

POLICE ET CONSERVATION DES FORÊTS

Organisation du service. — Cantonnements. — Préposés. — Poursuite des délits. — Procès-verbaux et transactions.

Organisation du service. — Cantonnements. — Le service forestier du département du Cantal a été organisé en exécution du décret du 23 octobre 1883. L'inspection d'Aurillac fait partie de la 28e Conservation et comprend les cantonnements de Murat et de Mauriac.

Les trois forêts domaniales de Maubert, Algères et Miers, de la contenance totale de 431^h 60^a, constituent le cantonnement de Mauriac avec 5,497^h 55^a de bois communaux.

Les forêts domaniales de Murat, Ciniq et le Prieur, de la contenance de 971^h 27^a, forment le cantonnement de Murat avec 5,076^h 21^a de bois communaux et d'établissement public.

Le cantonnement de St-Flour, qui existait à l'époque où les forêts du Cantal étaient réparties entre les deux inspections d'Aurillac et de Mauriac, a été supprimé en même temps que cette dernière, par décret du 23 octobre 1883.

Préposés. — La surveillance est exercée par 52 préposés dont :

2 gardes domaniaux aux appointements de 800 et de 750 fr. (logé.)
4 gardes mixtes   Id.   de 600 fr. et de 700 fr.
1 brigadier mixte   Id.   de 1,100 fr.
1 brigadier communal   Id.   de 800 fr.
44 gardes communaux.

Les traitements de ces derniers sont très variables, car ils résultent des sommes versées par les communes pour la surveillance de leurs bois. La moyenne est de 286 fr. 50; et le traitement moyen alloué par hectare par les communes s'élève à 1 fr. 21. L'étendue moyenne d'un triage communal est de 236 hectares. En raison de la division des bois communaux en une multitude de parcelles dispersées, souvent éloignées les unes des autres, il a fallu constituer quelques triages très peu importants. Pour ce même motif, 5 gardes communaux ou mixtes seulement sont embrigadés.

Un préposé domanial est logé en maison forestière, à Albepierre, à proximité de la forêt de Murat.

Le service de l'inspection d'Aurillac comprend, en outre, un brigadier sédentaire et le garde domanial chargé de la surveillance de la pépinière d'Arpajon et logé à la maison forestière.

L'étendue des deux cantonnements de Murat et de Mauriac, les difficultés des communications et du terrain, la dispersion des forêts et la multiplicité des arpentages, dont le nombre s'élève à 130 en moyenne par an pour le cantonnement de Mauriac, en rendent le service pénible et chargé.

Dans le cantonnement de Mauriac surtout, l'absence de chemin de fer augmente de beaucoup la durée et les dépenses des tournées.

La ligne d'Aurillac à Arvant est la seule qui serve actuellement aux agents forestiers pour leurs tournées. L'ouverture de la ligne entre Aurillac et Largnac diminuera considérablement les difficultés actuelles.

Poursuite des délits. — Procès-verbaux et transactions. — Les préposés de l'inspection d'Aurillac dressent en moyenne 310 procès-verbaux de délits par an dans les bois soumis au régime forestier.

Les délinquants sont admis à transiger avant jugement, à moins de circonstances aggravantes particulières.

Dans le courant de l'année 1887, il a été dressé 282 procès-verbaux, dont 38 ont été poursuivis devant les tribunaux et 244 ont été l'objet de transactions avant jugement. Dans le courant de la même année, il a été recouvré 20 transactions, se montant à 720 fr. 52, sur délits commis dans les bois domaniaux et pour lesquels les condamnations encourues s'élevaient à 2,555 francs. Il a été également recouvré 278 transactions, se montant à 4,213 fr. 94, sur délits commis dans les bois communaux, pour lesquels les condamnations encourues se montaient à 26,234 francs.

Le rapport du montant des transactions au montant des condamnations encourues s'est élevé à 0,28 pour les bois domaniaux et à 0,16 pour les bois communaux.

Sur les 282 procès-verbaux de délits rapportés en 1887 :

75	ont été dressés	pour pâturage non autorisé ;
8	Id.	pour pacage ;
168	Id.	pour coupe et enlèvement de bois ;
7	Id.	pour enlèvement d'herbe, sable, etc. ;
3	Id.	pour incendies ;
6	Id.	pour passage avec voitures dans les massifs ;
2	Id.	pour insultes aux préposés ;
1	Id.	pour contravention de chasse ;
12	Id.	pour divers autres délits.

Les délits de coupe de bois et de pâturage sont, comme on le voit, de beaucoup les plus nombreux. Les habitants des hameaux considèrent trop souvent la forêt sectionale comme leur propriété individuelle, où ils auraient droit de couper du bois à leur convenance, en dehors des exploitations régulières, et de faire pâturer leur bestiaux dans les jeunes coupes où, quelquefois, ceux-ci se nourrissent uniquement des pousses du taillis à défaut d'herbe. Le service forestier a le devoir de sauvegarder ces biens communaux dont les habitants actuels ne sont qu'usufruitiers et dont ils doivent compte à leurs descendants.

Dans ce rôle pénible, le garde s'attire bien des haines tout en faisant son devoir, et nous avons vu souvent un procès-verbal donner lieu à des dénonciations calomnieuses mettant en péril l'honneur et la situation de ces modestes et dévoués serviteurs de la loi.

Les brigadiers et gardes de l'Inspection d'Aurillac font partie de la 28ᵉ compagnie de chasseurs forestiers qui comprend, en outre, le personnel des préposés de l'Aveyron et de la Corrèze.

CHAPITRE XII.

TRAVAUX DE REBOISEMENTS.

Sécherie domaniale de Murat. — Pépinière domaniale d'Arpajon. — Subvention départementale. — Reboisements des terrains communaux. — Reboisements des terrains particuliers. — Procédés usités.

Les reboisements ont une grande importance dans la région du plateau central, en raison de la configuration tourmentée du sol, des pentes considérables des versants, qui produisent des éboulements fréquents et des déboisements opérés par les mauvaises exploitations et l'abus du pâturage. Aussi, l'Etat a-t-il créé dans le Cantal la sécherie domaniale de Murat et la pépinière d'Arpajon. Le Conseil général contribue également à l'œuvre du reboisement et vote annuellement une somme de 1,000 francs pour aider les communes à reboiser.

Sécherie domaniale de Murat. — La sécherie domaniale de Murat est destinée à la préparation des graines de pin sylvestre. Elle est située aux abords de la gare de Murat. Etablie en 1861, elle a été reconstruite en 1882 et améliorée. Elle se compose de quatre bâtiments : La sécherie proprement dite, le logement du régisseur et deux magasins pour renfermer les graines et les cônes.

La sécherie renferme l'étuve, la salle de manipulations, l'appareil de chauffage et le bureau du régisseur. Le calorifère est placé dans le sous-sol. Il est alimenté par les cônes dépouillés de leurs graines et mis en action par deux chauffeurs travaillant alternativement pendant 24 heures. L'air, échauffé dans un récipient en fer, appelé coffre de distribution de chaleur, est conduit dans l'étuve par deux tuyaux en spirale. L'étuve, construite en briques, est munie de deux grandes portes en fer se faisant face par lesquelles sont introduits les wagons également en fer et roulant sur rails. Chacun de ces wagons, qui sont au nombre de deux, est chargé de 272 tiroirs en bois à fond de grillage et porte 90 hectolitres de cônes. L'un d'eux est en voie de chargement ou de déchargement dans la salle pendant que l'autre est dans l'étuve où il séjourne de 30 à 60 heures suivant que les cônes sont secs ou verts, jusqu'à ce que ceux-ci soient bien ouverts. La température, réglée au moyen de soupapes qui amènent l'air chaud, doit être comprise entre 40° et 55°. Des ouvertures pratiquées dans les parois de l'étuve permettent de voir les thermomètres et de juger de l'état des cônes. Des avertisseurs électriques assurent le maintien de la température dans les limites prescrites, en cas de négligence.

Quand les cônes ont bien ouvert leurs écailles, le wagon est retiré; on lui substitue celui qui vient d'être chargé. Les tiroirs sont retirés et agités au-dessus de caisses dans lesquelles tombent les graines ailées. Celles-ci, après avoir été nettoyées, sont mises en magasin et ne sont désailées qu'au fur et à mesure des besoins. Le désailement s'opère dans des sacs, remplis au quart, que l'on bat avec des fléaux légers et que l'on agite. Les graines sont ensuite criblées et vannées.

L'approvisionnement de cônes a lieu par adjudication. Ils proviennent surtout des pineraies de la Haute-Loire et doivent remplir cette condition indispensable d'avoir été récoltés après le 1er novembre, quand la maturité est complète.

Les cônes vides qui ne servent pas au chauffage du calorifère sont vendus, par adjudication, au prix de 0 fr. 25 l'hectolitre environ.

Dans la campagne de 1885-1886, il a été acheté 14,000 hectolitres de cônes au prix de 3 francs l'hectolitre. Ils ont produit 9,270 kilogr. de graine désailée coûtant 6 fr. 15 le kilogr. Le poids des graines ailées obtenues par hectolitre a été de 1 k. 15. Chaque kilogr. de graine ailée a donné 0 k. 57 de graine désailée.

Dans la campagne de 1886-1887, 7587 hectolitres de cônes, achetés à raison de 2 fr. 62 l'hectolitre, ont produit 8,102 kilogr. de graine dont le désailement n'est pas encore effectué.

La sécherie fonctionnant sans interruption pourrait produire annuellement 18,000 kilogr. de graine désailée.

Les graines désailées fournissent aux besoins des reboisements dans toute la France. Elles sont accordées gratuitement, à titre de subvention, aux communes et aux particuliers qui en font la demande avant le 1er juin pour les travaux d'automne, et avant le 1er décembre pour les travaux du printemps. Chaque demande fait l'objet d'un rapport et d'une décision de M. le Directeur des forêts. Les destinataires ont à payer les frais de transport et les frais d'emballage ainsi que la valeur des sacs. Ces derniers frais, payables à l'avance, sont déterminés par un tarif et s'élèvent à environ 3 francs par 100 kilogrammes.

La sécherie est placée sous les ordres du Chef de cantonnement à Murat. Elle est dirigée par un régisseur, logé dans l'établissement, qui surveille les 10 ou 12 ouvriers nécessaires à la préparation des graines.

Pépinière domaniale d'Arpajon. — La pépinière d'Arpajon, créée en 1862, est située à 2 kilomètres du village de ce nom, sur un plateau de l'altitude de 750 mètres traversé par la route départementale d'Aurillac à Mur-de-Barrez. Sa contenance est de 7^h 44^a. Elle renferme une maison pour le logement du garde chargé de la surveillance des travaux, un hangar pour serrer les outils et fournitures et servant d'atelier pour l'emballage des plants, une grange et différentes annexes. Une pompe fixe, aspirante et foulante, amène les eaux d'un réservoir dans deux bassins, pour faciliter les arrosages qui se font à l'aide d'une pompe mobile. La surface cultivable, réduite à 6^h 04^a par les allées, bâtiments, bassins, etc., forme 69 parcelles dont la plupart sont garnies de bordures de pin sylvestre destinées à servir d'abri.

Les opérations consistent tous les ans en travaux de culture et de fumure du sol, semis et repiquages des plants de toutes les essences, à l'exception du pin sylvestre. Un roulement est organisé de façon à laisser en jachère les parcelles pendant une année sur 2 ou 3 de production.

Les essences propres aux reboisements sont seules cultivées, ce sont : Le pin sylvestre, le pin noir d'Autriche, le sapin, l'épicéa, le mélèze, le chêne, le châtaignier, le frêne et l'acacia.

Les plants sont accordés, en subvention, par décision de M. le Directeur des forêts, à raison de 1 fr. le mille pour toutes les catégories, aux communes et aux particuliers qui en font la demande avant le 1er juin ou le 1er novembre de chaque année.

Les plants sont livrés, sans subvention, à des prix fixés par un tarif approuvé tous les ans par l'administration. L'ordre d'expédition est délivré au vu de la quittance du receveur des domaines, après paiement du prix de la fourniture. Les plants sont transportés en gare d'Arpajon par les soins du garde, et le destinataire paie les frais de transport à partir de cette gare.

La pépinière a expédié pendant les deux derniers exercices une moyenne de :

  38,000 plants à l'État ;
  170,000 Id. aux Communes ;
  491,000 Id. aux Particuliers.
  ———
  699,000

Dont 86 o/o de résineux et 14 o/o de feuillus.

Subvention départementale. — Le Conseil général alloue annuellement un crédit de 1,000 francs sur les fonds départementaux pour aider les communes dans l'œuvre du reboisement. Cette somme est répartie par M. le Préfet, sur la proposition du service forestier, entre les communes qui en ont fait la demande. Ces demandes sont provoquées par les agents forestiers et c'est à regret que nous avons constaté le peu d'empressement apporté par les communes à réclamer le bénéfice de la subvention. En raison des reliquats de crédits provenant des années précédentes, les sommes dépensées se sont élevées à 1,605 fr. en 1885, 1,180 fr. en 1886 et 949 fr. 65, en 1887.

Les communes qui profitent habituellement de la subvention sont : Allanche, Virargue, Vernols, Chalinargues, Chavagnac, Saint-Paul-de-Salers, Trizac, Landeyrat, Bredons.

Les travaux sont exécutés par le service forestier et les ouvriers payés par ses soins, on peut donc dire que les communes n'ont que la peine de demander, ce qui rend encore plus regrettable l'abstention du plus grand nombre d'entre elles.

Reboisements des terrains communaux. — Il n'existe pas de périmètres de reboisements obligatoires dans le Cantal, bien que le relief du terrain soit partout accidenté et présente, comme nous l'avons vu, beaucoup de versants en pentes rapides. Les travaux de barrage des torrents, de gazonnement et de reboisement y sont moins nécessaires que dans d'autres régions montagneuses, pour plusieurs raisons. La fertilité du sol et l'humidité exceptionnelle du climat entretiennent presque partout une végétation herbacée abondante, favorisée encore par l'absence de troupeaux transhumants et par l'élevage du gros bétail à la presque exclusion des moutons. Les bois occupent presque toujours les pentes les plus abruptes des versants. Les plateaux sont recouverts de vastes pâturages garnis d'une herbe épaisse et vigoureuse. Les ruisseaux qui les parcourent sont souvent aménagés pour l'irrigation. Il en résulte que les eaux pluviales, ou provenant de la fonte des neiges, sont retenues, divisées et dispersées sur les hauteurs et forment rarement les torrents si dangereux de la région des Alpes.

Aussi, les lois du 28 juillet 1860 sur le reboisement des montagnes et du 4 avril 1882 sur la restauration et la conservation des terrains en montagnes n'ont-elles été appliquées que dans celles de leurs dispositions qui concernent les reboisements facultatifs.

Nous ne voulons pas dire qu'il n'existe pas dans le Cantal de terrains susceptibles d'être transformés en périmètres obligatoires. Nous citerons comme exemple le bassin de la

Truyère qui a été étudié à ce point de vue en 1877. Les travaux de reboisement y présentent, au point de vue de l'intérêt public, un degré d'urgence assez considérable, mais moindre que dans d'autres départements.

Les reboisements effectués dans les terrains communaux sont donc facultatifs et l'administration ne peut intervenir auprès des communes que pour les engager à reboiser les terrains en pente et leur en fournir les moyens. Mais la crainte de voir réduire l'étendue des landes consacrées au parcours empêche le plus souvent les municipalités d'entrer franchement dans la voie du reboisement qui leur est si largement ouverte. Le pâturage est l'ennemi des forêts existantes ou à créer et en voici la raison. Les bois du Cantal, les arbres de lisière suffisent largement à la consommation locale ; les coupes trouvent peu d'amateurs à cause des difficultés de vidange et de l'éloignement des centres de consommation. Aussi, la création et l'amélioration des forêts ne sont-elles pour les habitants que d'un intérêt secondaire, tandis que l'extension du pâturage est l'objet de toutes leurs préoccupations, en raison du développement qu'il paraît donner à l'industrie laitière et à l'élevage.

Dans la période qui s'étend de 1861 à 1887, 1167^h 19^a de terrains communaux improductifs ont été reboisés et appartiennent à 23 communes.

De 1882 à 1888, 116^h 59^a ont été reboisés et la moyenne des reboisements effectués pendant cette période est de 19^h 43^a par an.

Le tableau suivant indique, par arrondissement et par année, les surfaces reboisées :

ARRONDISSEMENTS.	1882	1883	1884	1885	1886	1887	TOTAUX.
Aurillac..................	» »	» »	» »	» »	» »	» »	» »
Mauriac.................	» »	0 60	» »	» »	2 50	8 50	11 60
Murat.....................	12 »	9 62	25 »	23 »	17 50	8 25	95 37
Saint-Flour...............	9 62	» »	» »	» »	» »	» »	9 62
	21 62	10 22	25 »	23 »	20 »	16 75	116 59

Les terres vagues communales occupent encore dans le Cantal plus de 65,000 hectares. L'œuvre du reboisement est donc à peine commencée. Plusieurs communes en ont compris tous les avantages et travaillent activement à reboiser leurs terrains incultes. Nous citerons parmi elles, Allanche, qui possède actuellement 361 hectares de pineraie provenant de semis.

Reboisement des terrains particuliers. — Les propriétaires particuliers de terrains incultes, aidés par les subventions de l'État, ont reboisé de 1861 à 1888, 1,800 hectares, sur le territoire de 96 communes.

En voici la répartition par arrondissement :

   Aurillac.................... 1529^h 11^a.
   Murat...................... 98^h 49^a.
   Mauriac.................... 76^h 11^a.
   Saint-Flour............... 96^h 85^a.

    TOTAL............ 1800^h 56^a.

Si nous rapprochons ce chiffre de celui de 1167 hectares reboisés par les communes, nous voyons que les reboisements particuliers sont poussés avec activité, et cependant les communes possèdent 65,000 hectares de friches et les particuliers 11,000 seulement. La raison de cette disproportion est facile à saisir. Le propriétaire s'empresse de profiter des avantages accordés par l'État pour créer, à peu de frais, une propriété productive pour lui et les siens.

Au contraire, dans le cas d'un terrain communal à reboiser, l'intérêt des générations à venir et de la Caisse communale est mis en balance avec la nécessité de réduire l'étendue des pâturages et, par suite, le nombre des bestiaux que chacun y envoie. L'intérêt particulier est ici en lutte avec l'intérêt général et l'emporte le plus souvent.

Dans la période de 1882 à 1887, il a été reboisé 296 hectares, soit une surface moyenne annuelle de 49 hectares pendant les six dernières années.

Les 1800 hectares reboisés depuis 1861 ont coûté, pour les fournitures de graines et de plants, 96,481 francs, dont 58,427 francs aux particuliers, et 38,054 francs à l'État.

Le reboisement d'un hectare a donc coûté en moyenne 32 francs aux particuliers et 21 francs à l'État, non compris les frais de transport et de main-d'œuvre. Ces frais ne peuvent être connus exactement. Nous ne pouvons que les évaluer pour l'ensemble des semis et des plantations et dire que le reboisement d'un hectare a coûté environ 31 francs pour les semis et 76 francs pour les plantations.

L'étendue des terrains reboisés est considérable dans certaines communes. Elle s'élève à 294^h à Marcolès, à 193^h à Saint-Etienne-Cantalès, à 185^h à Saint-Mamet, etc. Beaucoup de propriétaires reboisent des terrains de faible étendue sans demander de subvention et achètent les plants à la pépinière d'Arpajon à des prix variant entre 3 et 7 fr. le mille suivant les circonstances prévues par le tarif. La moyenne des plants ainsi délivrés dans le Cantal pendant les dernières années a été de 137,000 et l'on peut évaluer à 13^h par an la surface moyenne reboisée en tenant compte des plants nécessaires à regarnir les vides des plantations des années précédentes.

On peut donc dire que pendant ces dernières années les particuliers ont reboisé, avec ou sans subvention, environ 62^h

par an, résultat qui démontre l'influence considérable exercée dans la région par les établissements que l'Administration des forêts a fondés pour favoriser les travaux de reboisements.

Procédés usités. — Les reboisements s'opèrent par voie de semis ou de plantations suivant l'état du sol. Les terrains incultes sont presque toujours siliceux et résultent de la décomposition des roches cristallisées ou volcaniques. Ils se présentent habituellement sous forme de landes livrées au parcours, couvertes de bruyères dont les animaux ont empêché le développement et qui ne forment qu'une couverture peu épaisse et n'offrant pas d'obstacle à la pénétration des graines et au développement des semis. Dans ce cas le semis est facile et d'une réussite certaine. On l'exécute à la volée, sans travaux préparatoires, et à raison de 5 kilog. de graine désailée de pin sylvestre, par hectare. Dans les circonstances les plus favorables, un ouvrier peut semer un hectare dans sa journée dont le prix est de 3 fr. Mais ordinairement les difficultés du terrain obligent à employer une journée et demie ou 2 journées par hectare.

Lorsque les bruyères sont fortes, on pratique une culture par bandes parallèles, mais c'est le cas le plus rare, et la main-d'œuvre du semis d'un hectare revient alors à environ 50 fr.

Quand la présence d'une épaisse couverture d'herbe ou de bruyères, ou l'humidité du sol, font obstacle au semis, on a recours aux plantations. Les essences les plus employées sont le pin sylvestre, l'épicéa, le mélèze, le pin d'Autriche. On plante aussi le sapin sous le couvert, dans les broussailles ou les forêts ruinées, le chêne, le frêne, le robinier. Il est impossible d'indiquer le prix de revient des plantations par hectare car il varie suivant le nombre et l'essence des plants, les difficultés du terrain et l'habileté des ouvriers. Un ouvrier adroit ne peut mettre en terre plus de 500 plants par jour dans des conditions favorables. On doit aussi employer au moins 7,000 plants par hectare. En tenant compte de tous les frais, le reboisement revient alors à environ 110 francs au maximum, sans subvention, et à 80 fr. avec subvention.

Mais, la plupart du temps, les plantations se font dans

des conditions plus économiques, aux dépens toutefois de leur réussite. Une des causes les plus fréquentes d'insuccès est le mauvais choix des essences et une des tâches du service forestier à Aurillac consiste à éclairer les propriétaires sur les exigences des essences, et à les empêcher de faire des choix peu en rapport avec le terrain, l'altitude, l'état boisé ou découvert du sol. Souvent aussi, le sylviculteur inexpérimenté qui a planté ses sapins sur un sol nu, ses pins sous le couvert et les voit périr, attribue ses insuccès à une prétendue mauvaise qualité des plants, dont il se plaint, et non à sa propre maladresse.

Mai 1888.

TABLE DES MATIÈRES

	Pages.
INTRODUCTION..	V

CHAPITRE PREMIER

OROGRAPHIE.

Le massif central. — Les puys. — Les plateaux. — Les vallées. — Ceinture de hauteurs entourant le massif central................. 9

CHAPITRE II.

HYDROGRAPHIE.

Rivières des bassins de la Gironde et de la Loire. — Les lacs............ 14

CHAPITRE III.

GÉOLOGIE.

Le terrain primitif. — Les failles. — Le terrain tertiaire et les lacs. — Les éruptions volcaniques. — Formation du massif central. — Périodes glaciaires. — Formation des puys, des plateaux et des vallées. — Faune et flore préhistoriques........................ 17

CHAPITRE IV.

STATISTIQUE FORESTIÈRE.

Distribution des forêts selon l'altitude, les terrains et les essences........ 24

CHAPITRE V.

STATISTIQUE FORESTIÈRE.

Régimes et modes de traitement des forêts. — Arpentages. — Délimitations. — Aménagements des forêts domaniales, communales et d'établissements publics.. 28

CHAPITRE VI.

PRODUCTION DES FORÊTS EN MATIÈRE.

Production générale en bois. — Production des forêts soumises au régime forestier. — Exploitations accidentelles. — Menus produits........ 32

CHAPITRE VII.

PRODUCTION DES FORÊTS EN ARGENT.

Adjudications des coupes. — Délivrances affouagères. — Prix des bois. — Exploitations et vidange. — Scieries.......................... 35

CHAPITRE VIII.

EMPLOIS ET DÉBITS DES BOIS.

Le sapin. — Le pin sylvestre. — L'epicéa et le mélèze. — Le chêne. — Le hêtre. — Le châtaignier. — Le tremble. — L'aune. — L'orme. — Le tilleul. — Le frêne, l'érable champêtre. — Le noyer. — Le charme.. 39

CHAPITRE IX.

DÉGATS CAUSÉS AUX FORÊTS.

Les vents. — La neige. — Les avalanches. — Les incendies. — Les insectes. — Les mauvaises exploitations....................... 48

CHAPITRE X.

LE PATURAGE.

L'élevage dans le Cantal. — L'industrie fromagère. — Le parcours en forêt. — Dégâts causés. — Cantons défensables. — Le pacage. — Les droits d'usage au parcours................................ 52

CHAPITRE XI.

POLICE ET CONSERVATION DES FORÊTS.

Organisation du service. — Cantonnements. — Préposés. — Poursuites des délits. — Procès-verbaux et transactions................... 59

CHAPITRE XII.

TRAVAUX DE REBOISEMENTS.

Sècherie domaniale de Murat. — Pépinière domaniale d'Arpajon. — Subvention départementale. — Reboisements des terrains communaux. — Reboisements des terrains particuliers. — Procédés usités..... 63

Aurillac. — Impr. A. PINARD, imprimeur de la Préfecture, rue de la Bride, 8.

www.ingramcontent.com/pod-product-compliance
Lightning Source LLC
LaVergne TN
LVHW051504090426
835512LV00010B/2324